Ⓢ新潮新書

梯 久美子
KAKEHASHI Kumiko

世紀のラブレター

272

新潮社

本書での手紙文の収載に際しては、原則として出典文献の表記に従い、難字には適宜ルビを付け加えた。

まえがき

人は一生のうち、何通くらい手紙を書くだろう。メール全盛の時代だが、肉筆の手紙を一通も書かない人はいないはずだ。そのうち、恋文は何通くらいあるのか。

一度も恋文を書かずに終わる人生というのもあるにちがいない。もらったことはあるが、自分では書くことのない人もいるだろう。それでも恋愛は成立するし、結婚だってできる。しかしそれは、かなりつまらない人生なのではないか。本書に引いた五十八人の恋文を読むと、そう思えてくる。

「ふさ子さん！　ふさ子さんはなぜこんなにいい女体なのですか」と五十四歳の斎藤茂吉は書いた。橋本龍太郎は「毎日久美の夢を見つつネンネしていすます」と書き、山本五十六は「あなたの懐ろに飛びこみたい」と書いた。

文学者の恋文は名文とはほど遠く、政治家の恋文は母親に甘える子供のようで、軍人の恋文はぜんぜん勇ましくない。しかし、だからこそ読む者の胸にひびく。書かずにはいられなかった思いが伝わってくるのである。

もし自分の書いた恋文を何年か後に読んだなら、多くの人が、ぎゃっと叫んで逃げ出したくなるだろう。人を好きになること、相手を強く求めることは、時にみっともなく恥ずかしいことである。けれども大人になればなるほど、そのみっともなさ、恥ずかしさの中に、かけがえのないものがあったことに気づく。

恋は人を愚かにする。恋文はその愚かさの記録ともいえる。しかし受け取った側にとっては、どんな贈り物にも勝る。受け取った人が大事に取っておいたからこそ、本書に引用した手紙たちも、歳月を経て今日まで残ったのだ。

「ああ、シスターKissして下さいな」と書かれた鳩山一郎のラブレターは、末尾に、読んだら火に投じてほしいとある。しかし、のちに妻となった恋人・薫は、捨てずに生涯大切にした。夫妻の没後は、家族が保管してきた。

妻子ある斎藤茂吉の恋人だった永井ふさ子は、茂吉の求めに応じて最初の数十通の手紙は焼き捨てた。しかしその後はどうしても捨てられず、戦時中は、リュックの底に入れて空襲の中を逃げたという。

向田邦子が書いた恋文が残っているのは、相手の男性の死後、その母親が、彼がつけていた日記とともに向田のもとに届けたからだ。飛行機事故で急逝するまで、彼女はそれを持ちつづけた。恋文のドラマは、その内容だけではなく、失われずに残った経緯の中にもあるのである。

＊

本書で取り上げたのは、明治から平成までの日本人の恋文である。時代は二十世紀にほぼ重なる。

恋文の本といえば、文学者の手紙を集めたものが多いが、本書では、政治家、財界人、軍人、俳優、ジャーナリストなど、幅広い分野の人物を取り上げた。皇室の人々の相聞歌も、一章をもうけて紹介している。近・現代史を生きた人物の思わぬ素顔が覗けると同時に、時代そのものが垣間見える。

個人の恋愛が時代と交差するのは、やはり昭和の戦争期である。この時期には、恋文がそのまま遺書であるような手紙が数多く書かれた。恋人に宛てたものもあれば、妻に宛てたものもある。愛を誓い将来を約すためではなく、今生の別れを告げるために書かれる恋文もあるのだ。

夫婦間の手紙を数多く取り上げているのも、本書の特徴である。その中には、もうこの世にはいない伴侶に宛てたものもある。告白し、口説き落とし、恋を成就させるだけが恋文の役割ではない。いかに多くの夫や妻が、長い間つれそった相手に、愛情のこもった言葉を綴っていることか。

感謝し、なぐさめ、力づける。思い出を共有し、日常を喜びあう。年齢とともに、男女の間でかわされる愛の手紙は、そんな機能も果たすようになっていく。「好き」「愛している」という言葉を使わなくても、相手を大切に思う気持ちは伝わる。恋文は決して、若い世代だけのものではないのである。

たった十年かそこらで、日本人は何でもメールですませるようになってしまった。愛の告白や別れの言葉さえ、今や「書く」ものではなく「打つ」ものである。

気軽に書いてすぐに送ることができるのはメールの利点だが、報告書のたぐいならいざ知らず、紙の手触りも個性の伝わる肉筆の文字もない〝電子恋文〟では、なんとも味気ない。おまけに、恋が終わればクリック一つ、キー一押しで虚空の彼方へ消えてしまう。

気恥ずかしくなるほど正直で、それゆえに胸を打つ。その人が生きた時代や人生がにじみ出る――そんな恋文を、われわれ日本人は、つい最近まで書いていた。恋愛も言葉も、吹けば飛びそうに軽くなってしまった時代だからこそ、さまざまな日本人が一文字一文字思いを刻んだ恋文を、もう一度、読み返してみたい。

世紀のラブレター　目次

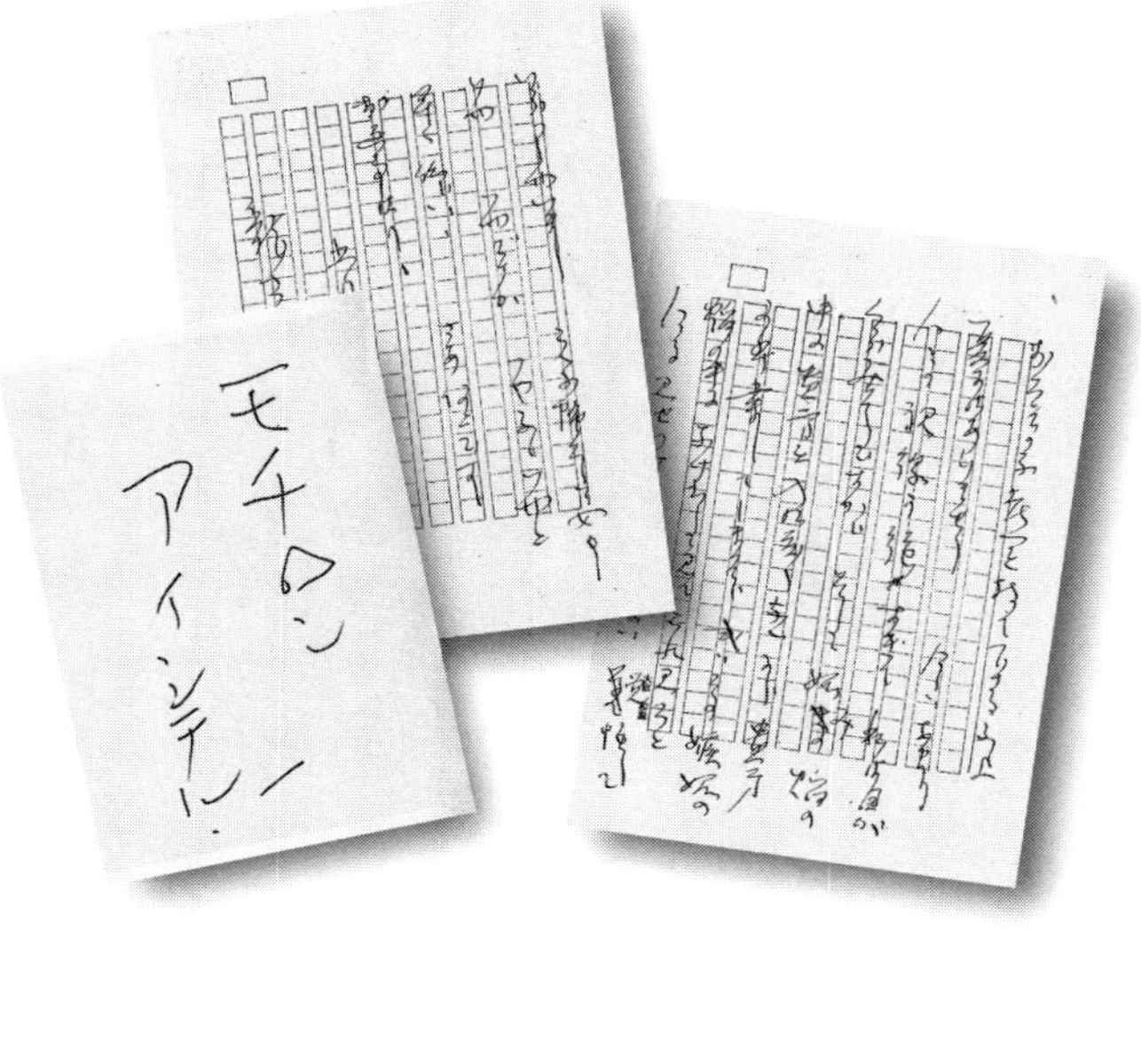

第一章

「しめ殺す程 抱きしめたい」
――青春の恋

大スターの相聞歌

最初に、ある恋人同士が結婚に際して交わした相聞歌を紹介しよう。誰のものだかわかるだろうか。昭和を代表する大スター同士で、結婚二年で破局したカップル、というのがヒントである。

我が胸に人の知らざる泉あり　つぶてをなげて乱したる君
石を持ち投げてみつめん水の面　音たかき波立つやたたずや

答えは、美空ひばりと小林旭。前者がひばり、後者が旭の作で、結婚当時に発表されたものである。

ふたりが盛大な華燭の典を挙げたのは、昭和三十七年。ハデ婚の元祖のような芸能人カップルが、相聞歌のやりとりなどというゆかしいことをしていたとは驚きだが、これは、その三年前に結婚した皇太子と正田美智子さんにあやかってのことだったのかもしれない。ご成婚のとき、おふたりが婚約時代に詠んだ、

語らひを重ねゆきつつ気がつきぬわれのこころに開きたる窓　（皇太子）
たまきはるいのちの旅に吾を待たす君にまみえむあすの喜び　（正田美智子さん）

という歌が発表され、話題を呼んだのである。

ひばりの歌は、作品としては巧みとはいえないが、自分の胸の中にはだれにも知られぬ泉がある、という表現は、幼い頃から人目にさらされてきた半生を思うと、切実なリアリティがある。その秘めた泉に、石を投げ込んだのが、突き抜けた明るさと強引さをもつ小林旭だったというわけだ。ひばりは後年、自分は決して恋多き女ではなかったと語り、小林旭との恋愛は、はじめて経験したロマンティックで盲目的な恋の日々だったと述懐している。

ただこの相聞歌、結婚という幸福の絶頂で詠んだものにしては、「乱す」「波立つ」などの言葉が使われており、その後の破局を暗示しているようだ。若い日の恋文は、恋

人たちの将来を予言するのだろうか。
ともあれ、女王・ひばりにも心ときめく青春の日々があったのであり、それは相聞歌、つまり恋文というかたちで今に残っている。恋文と一口に言っても、片恋の告白から道ならぬ恋の苦しさを訴えるもの、長年連れ添った相手への感謝までさまざまだが、この章では、若い日の恋心がつづられた青春のラブレターから見ていこう。

裕次郎の「謝罪」

美空ひばりと並ぶ昭和の大スターで、同じく五十代の若さで逝った石原裕次郎。彼はまき子夫人との交際時代、こんなラブレターを書いている。

僕だけの〳〵マコ、ハーイ〳〵
こんな冷い戦争もういやです。
僕は本心でさっきマコにあやまった積りなのに……。
昼ゴハンの時は確に〳〵僕が悪かったのです。
昨日からあんなに心配かけておきながら、あんな事言って我儘ばかりゴメンナサイ。

マコが来て、ラジオ聞いている間、マコの部屋でお風呂に入りいまくるか〱と待ってましたが、とう〱来なかった。

部屋に帰ってマコの本ずっと〱見てました。無性に淋しくなって、ビール一本のみました。

そして、マコと僕の唄誰もいなかったので大声で何曲も……何回も唄いました。

でもマコは来なかった。マコがおひる泣いた様に僕も少し泣きました。唄って〱唄いながら泣きました。

何んでこんなにならなければならないの？

皆々僕が悪いのですね？　僕は大バカ者!!

マコの気持わかりすぎる程わかってるの……

だから我儘ばかり言うんだ!!

逢いたくて〱とせうがない。しめ殺す程抱きしめたいけど僕の足がマコの部屋に向かないの……。

一人ぼっちで燃えしきるダンロの火とニラメッコ……塩っぱい涙が口に這入って来ると……　泣いたマコの目にキスした味を想い出す。

僕達程いや僕程幸せ者はどこさがしたっていやしないね、大好き〱、〱、〱、
マコ今何してるの……。

僕と同じ事考えているの？淋しい？悲しい？一人でいると何んだか大声でどなりたくなる様な変な気持。

昨日までのマコとの楽しい〱想い出一つ一つ想い出して慰さめてんだ……。

僕はもう泣かない……。マコも泣かないで……二人一緒でなくても、何時も〱お互の事しか考えてないんだもん。マコの事で皆んな〱一杯!!

マコ麻雀なんかしないで早く寝て下さい。

麻雀やっても僕の死に神がつきますヨ。

仕事が終って皆んなが寝静まってから時間を見てマコの所へ行きます。

カギはかけないで置いて下さい、必ず、必ず必ずね。

その時だったら、マコにすなおにあやまる事出来ます。ハーイ〱

わがままなマコの僕より

言うまでもなく、当時のまき子夫人は、女優・北原三枝。昭和三十一年、『太陽の季

節』の撮影セットで水の江滝子に紹介されたのがはじめての出会いだった。その後『狂った果実』の共演をきっかけに交際がスタートした。

しかしスター同士のふたりは大っぴらに会うことはできず、一緒にいられる時間もかぎられていた。そのため喧嘩もしばしばだったようだ。喧嘩の後、こうした謝りの手紙をまき子夫人はよく受け取ったという。心の中で恋人に語りかけながら書いたと思われる文面からは、若い日の裕次郎の声が聞こえてくるようだ。

石原裕次郎は、社会現象を巻き起こした時代の寵児だが、恋人への手紙の中では子供のように相手の女性に心を許して甘えきっている。恋文とは、社会に対しては決して見せない顔を、ただひとりの相手に、心おきなくさらけ出す場なのである。

ああ、シスター Kiss して

気恥ずかしくなるような青春時代の恋文は、なにもスターの専売特許ではない。意外な人が、情熱的な愛の言葉をつづっている。

次に紹介するのは、自由民主党の初代総裁で、鳩山由紀夫民主党幹事長、鳩山邦夫法務大臣の祖父にあたる鳩山一郎の手紙である。

……僕は本当にもとから、一つの曇りなく清くシスターを愛して、友となって下さいと言いました。それですけれども、田村さんが言って下さった事など考えると、もし人が変に思ったらどうしましょうと嫌な気持ちがして仕方ないのです。

自分でも余りに心を取られすぎてると、いつでも思うのですが、悲しい事にはまたどうしてもこの心を抑える事ができなくて仕方がないのです。

怒りたい時に忍耐するのはまだ出来ますが、愛したい時に愛の心を鎮める事は難しいものですね。

ああ、批評の限りなき世の中の人々、こわくて仕方がありません。でも、自分の心に自信ある限り何でもありませんね。悲境に沈むこともないでしょうね。田村さんは別にして、僕がかおるさんをシスターとすることを心配して下さるのです。

このことについてでしょうか、ママも日夜心配して、私の将来の事を思っていると書いて下さいました。

かおるさん、二人は永く信じて互いに愛しましょうね。如何に多くの支障がありましても、只《ただ》清浄と言うことが大切ですね。それだけがあれば、どんなに一時禍が出て来ても打ち勝つ事は出来ましょう。

手をたずさえて忍ぶ事は出来ましょう。ああ、シスター信じて下さいよ。そうすれば僕はどんな事も忍耐しますから。ああ、シスターKissして下さいな。また、色々の思想が百出して悲しく淋しくなりました。

ああ If I could see you and kiss you and put my arm around you, sister, I will die.《妹よ、あなたに会って口づけし、抱き寄せることができるなら、僕は死んでもいい》

（中略）

僕は、勉強します。そうして二人の胸に楽しき小さき天国を作りましょうね。では、あまりに長くなりますから止めます。さよなら

木曜日　夜　　Brother　Ichiro
Sister　Kaoru

かおるさん、僕の手紙をどうしておいでになりますか。火の中に入れて下さいよ。いつでも、人に指されるのがいやですから。

それから一つお願いしましょう。シスターはなぜ兄に対して、無口なのですか。これからはもう僕だけに対しては何もかまわないハイカラにおなりなさいよ。そうしなさい。あまりに何も言わぬのでは、いやです。僕は、月や星が黙ってても、すきですが、シスターがあまり黙っておいでになると悲しくなります。

（明治三十七年一月十五日付）

文中の「かおるさん」とは、のちに妻になる寺田薫である。戦後の公職追放をへて自由民主党を結党、五五年体制を船出させた政治家の若き日の恋文は、まさに純情一途。明治の青年の、恋愛に対する生真面目さがつたわってくる。

特に追伸の〈僕は、月や星が黙ってても、すきですが、シスターがあまり黙っておいでになると悲しくなります〉という部分は、詩の一節のようだ。恋する若者の正直な思いがにじんでいて、なかなかの名文ではなかろうか。

この手紙が書かれた明治三十七年当時、鳩山は二十一歳で東京帝国大学の学生、薫は十六歳で女子学院英語科に通っていた。

鳩山が薫をシスター（妹）と呼んでいるのは教会用語で、二人はともに、鳩山邸の近くにあったブラクマ・ホームという教会に通っていた。遠い縁続きで、幼なじみの間柄である。

鳩山一郎の父・鳩山和夫は弁護士で、一郎が生まれた頃は東京府会議員、のちに衆議院議長を務めている。母の春子は、東京女子師範学校（現在のお茶の水女子大学）を卒業、結婚前には教師をしていた。のちに共立女子職業学校（同、共立女子大学）を創設する。

この春子の長姉の孫に当たるのが薫で、薫にとって春子は大叔母ということになる。寺田家と鳩山家は家族ぐるみのつきあいで、一郎と薫は兄妹のように育った。

しかし、薫が十四歳のときに母が亡くなり、薫の父は年頃の娘を手元で養育するのは難しいと判断。同郷の先輩である帝大教授の家に、家事見習いとして薫をあずける。同じ東京に住んではいたが、それまでのように気軽には会えなくなり、一郎は薫に頻繁に手紙を送るようになる。

結婚までの五年間、一郎は長文の手紙を書きつづけた。幼なじみとはいえ、年頃の男女の交際に、世間の目はきびしかったのだろう。一郎の母、春子は、薫を実の娘のように可愛がっていたが、遠縁とはいえ血がつながっていることから、ふたりが交際することには当初、難色を示していた。

一郎はこの後の手紙（三月二十六日付）で、文中の〈田村さん〉に「一郎さんは、これから立派に世に出て世と戦う有為有望の青年です。人の躓きになる様に思われては大変です」と意見されたと書いている。トップエリートである一郎の評判に傷がついてはいけないという助言である。

一郎は、「もし、この東京の地シスターとブラザーといる事が出来ないなら、山高く、水清き、愛らしき野花の溢れる北海道に逃げましょう。もし、そこすらだめならば、二人は手を取って旅しましょうね、天国に。この位の決心、シスター持ってて下さいな」と書いている。

駆け落ち、さらには心中を考えるほど熱に浮かされた一郎に対し、薫は終始冷静だったようで、一郎はこの手紙の中で「本当にシスターはひどいのですね。そんなにCoolになさっててブラザーをいつまで悲しませなさるのです」と訴えている。最初に引用した手紙の追伸にも「シスターはなぜ兄に対して、無口なのですか」とあり、ふたりの〝温度差〟が垣間見える。

鳩山家には一郎の書いたおびただしい数の手紙が残っているのに対し、薫が一郎に書いたものは残っていないという。鳩山一郎から薫への手紙を集めた書簡集『若き血の清く燃えて』の編者・川手正一郎は〈薫からの返事を処分したとは考えにくいから、約五年の間、一郎はひたすら思いの丈を書き続けるだけだったのだろう〉と述べている。

川手はまた〈一郎には、何度か失恋の危機があった〉とし、明治三十七年の夏頃に薫の気持ちを逆なでするような失言をしたこと、明治四十年には、電車に乗ろうとした薫に対し、怒りを買うような言動があったことを、手紙の内容から推測している。そして、〈薫が正面から一郎に怒りをぶつけたり、互いに言い争ったわけではない。おそらく薫は、一郎を無視したのだ。明治四十年に関していえば、軽率な行動をとった一郎に見向きもせず、無言で歩き去ってしまったのだろう〉と書いている。

双方がわれを忘れて盛り上がってしまっては、若い恋は長続きしない。薫は一郎の情熱に引きずられることなく、愛されているがゆえのわがままな態度でもなく、淡々としていたようだ。結果、一郎の思いはますます高まっていく。

すべての手紙の中で一郎は一貫して、当時まだ十代で、しかも妹のように育った薫に対し、一定の敬意をもって語りかけている。上から見下すような、あるいは教えさとすような口調は見られない。薫の冷静さがあったからこそ、一郎は尊敬の気持ちを抱きつづけることができたのではないだろうか。

一郎に対して大きな影響力をもっていた母の春子は、うわついたところのない聡明な少女として薫を気に入り、血のつながりという懸念をこえて、嫁として迎えることを決意する。一郎のいうところの薫の「Cool」さが、結局はふたりが結婚にこぎつけることができた要因となった。

「感激屋の一郎と冷静な薫」という組み合わせは結婚後も変わらなかった。川手正一郎は、〈夫妻で外出する時には一人でどんどん先へ行き、薫が傍らにいないと気付くや「薫、薫、薫」と名前を呼び続けた。当の薫はまだ家にいて、悠々と支度をしていたという〉とのエピソードを紹介している。

鳩山一郎が死去したのは昭和三十四年。薫夫人はその後二十三年の歳月を生き、九十三歳で亡くなった。ほとんど返事を書くことのなかった一郎からの膨大な恋文を、最後まで大切に保存していたという。

リベラリストの口づけ押し花

鳩山一郎の恋文は、文中にある英語で書かれた愛の言葉が印象的である。鳩山に限らず日本人は、外国語ならば照れずに大胆な愛の表現ができるようだ。

次に挙げるのは、あの白洲次郎が、のちに妻となる正子へ贈ったポートレートに書いた言葉である。

〈Masa：You are the fountain of my inspiration and the climax of my ideals.〉
《正子：君こそ僕の発想の源、究極の理想だ》

日本語にするとずいぶん大げさな讃辞だが、英語だとスマートな感じがする。もっとも、ケンブリッジで学んだ白洲は、生涯、英語を母国語のように操ったというから、愛の言葉も英語で書くほうが自然だったのかもしれない。

有名政治家の若き日のラブレターをもう一通、紹介しよう。終戦後の幣原内閣で厚生大臣をつとめ、昭和二十三年に首相となった芦田均から、のちに妻となる寿美に宛てたものである。

芦田は東京帝国大学を出て外務省入りし、大正三年から六年まで外交官補としてロシアのペテルブルグに赴任していた。五年前に知り合った貿易商の娘、長谷寿美に、かの地から繰り返し恋文を書き送っている。そのうちの一通。

寿美様
私は決して恩にきせる訳じゃありませんけれど、毎日こうして手紙を書く為に費す時間はたいしたものですよ。そう思ったら少しは不平な事でも我慢なさい。

寿美には〝どんな帽子が似合うかしら。どんな外套がうつるかしら〟などと考え乍《なが》ら、町を歩いていることもあります。

〝これを寿美に見せたら、寿美に食べさしたら〟など、思うこともあるの……いいものあげましょうか。今日、机の上に押して送ります。うまく押せないかも知れないけれど…… 御注意までに申しますがね、これは私の唇にふれた花だから、消毒なさいまし。もう止め……御休み。

夢を見ないようにね。


花に口づけをし、それを押し花にして同封しているわけで、二十六歳のエリート官僚とは思えない文面である。このとき寿美は十八歳。当時の彼女の写真が残っているが、びっくりするほどの美人である。

芦田が寿美を見初めたとき、寿美は十三歳。芦田は二十一歳で、寮の仲間たちと箱根に出かけた折、家族と避暑に来ていた寿美が散歩をしているのを見て一目惚れし、声をかけた。寿美は東京女学館の一年生、今なら中学一年生である。

寿美は後年、出会って間もないころのことをこう語っている。

「わたしがまだ小さかったころ、ちょっとでも寒いと、芦田は一高時代着ていた長いマントを、フワッとかけてくれるんですよ。

それは、抱きかかえるようにかけるというのではなくて、つつみこむようにフワッと肩からかけてくれたものです。一途に愛してくれているのがわかりました」（宮野澄『最後のリベラリスト・芦田均』）

芦田の任地であるロシアは当時、激動の時代を迎えていた。赴任三か月後に第一次世界大戦が勃発。大正六年には二月革命、十月革命が起こっている。帝政ロシアの崩壊と社会主義国家の誕生をまのあたりにしつつ、芦田は寿美に手紙を書き続けたのである。

その数、数百通。仕事のほうは大丈夫だったのかと心配になるが、愛する人を日本に残してきた青年としては、毎晩のようにペンをとらずにはいられなかったのか。冷徹な合理主義者というイメージがある芦田の意外な一面が見える。

幸福な時に、一番不幸な事を

この人にこんな面があったとは、という意外なラブレターといえば、芥川龍之介である。のちに妻となった塚本文あての手紙は、神経のはりつめた小説の文体とはまったく印象が異なる。

今日兄さんから手紙が来てその中に兄さんが立つ時に　文ちゃんと五十枝さんとでうつした写真があるから　一枚強奪し給へと書いてあります　兄さんの勧告通り　強奪しますから　さう思ひなさい　が　強奪は野蛮だからなる可く穏和な手段をとりたいと思ひます　どうです　一枚くれませんか　こつちへ送つて。文ちゃんが田端へ持つて来て下されば、猶難有《ありがた》いけれど、どうです。ほんとうは写真も欲しいけれど、それより文ちやんに会ひたくなりました。これは小さな声でそうつと云ふのです。外の人に聞えるといけません。会つて、話をする事もないけれど、唯まあ会つて、一しよにゐたいのです。へんですかね。どうもへんだけれど、そんな気がするのです。笑つちやいけません。それからまだ妙なのは、文ちやんの顔を想像する時、いつも想像に浮ぶ顔が一つきまつてゐる事です。どんな顔と云つて　云ひやうがありませんが、まあ微笑してゐる顔ですね。その顔を僕はいつか高輪の玄関で見たのです。さうしてそれ以来その顔にとつつかれてしまつたのです。文ちやんの顔の沢山ある表情の中で、その一つが頭へこびりついちまふと云ふのはへんでせう。へんだけれど事実です。僕は時々その顔を想像にうかべます。さうして文ちやんの事を苦しい程強く思ひ出します。そんな時は、苦しくつても幸福です　ボクはすべて幸福な時に、一番不幸な事を考へます　さうして万一不幸になつた時の心の訓練をやつて見ます　その一つは文ちやんがボクの所へ来なくなる事ですよ。(そんな事があつたらと思ふだけです。理由も何もなく。)それから　伯母が死ぬ事です。この二つに出会つても　ボクは取乱したくないと思ふのですね。が、これが一番むづかしさうです。もし両方一しよに来たら、やり切れさうもありません。

もう遅いから(午前一時)、やめます。文ちやんはもうねてゐるでせう。ねてゐるのが見えるやうな気がします。もしそこにボクがゐたら、いい夢を見るおまじなひにそうつと瞼《まぶた》の上を撫でてあげます　以上

十月八日夜

芥川龍之介

塚本文子様

（大正六年十月八日付）

塚本文は芥川より八歳年下で、中学時代の友人・山本喜誉司の姪である。海軍将校だった父親を日露戦争で亡くした文は、母の実家である山本家に家族で身を寄せていた。本所相生町にあったこの家に芥川はしばしば出入りしており、そこで文を見知った。芥川十六歳、文八歳のときである。

その後、文が十六歳のときに再会。結婚まで考えた女性との破局を経験していた芥川は、純真無垢な文に心ひかれ、やがて結婚を決意する。大正五年の夏、〈僕には　文ちやん自身の口から　かざり気のない返事を聞きたいと思つてゐます。繰返して書きますが、理由は一つしかありません。僕は　文ちやんが好きです。それだけでよければ　来て下さい〉というプロポーズの手紙を送っている。

同年暮れ、跡見女学校に在学中の文と婚約が整った。紹介した手紙は翌大正六年、芥川二十五歳のときのものである。この年、芥川は第一創作集『羅生門』を刊行。新進作家として文壇に登場している。大正七年二月に結婚するまでの婚約時代、芥川は文に、こうしたやさしい手紙を数多く書いた。

文中に出てくる「伯母」とは、実母の姉・ふきのことで、生後八か月のときに実母が発狂した芥川にとって育ての親である。結婚後、同居したふきと文の折り合いが悪く、伯母には逆らえない芥川はふたりの板挟みになって苦しんだ。

何通もの恋文で〈世間中の人に嘘をつく必要がある時でも文ちゃんにだけは嘘をつかないつもりです〉〈苦しい時は　二人で一しよに苦しみませう　その代り楽しい時は二人で一しよに楽しみませう〉と求婚した芥川だが、ほかの女性と心中を企てて失敗したあげく、三十五歳で文を残して睡眠薬自殺する。

そのとき文は、すかさず布団の下に手を入れ、失禁していないか確かめたという。夫に恥をかかせぬようにとの気づかいである。あふれるような愛の言葉を受け取った日々から、十年しかたっていなかった。

「一生を棒に振る」という冒険家

世の中、甘い言葉で女性を口説くことのできる男性ばかりではない。

ここに、なんとも不器用な男のラブレターがある。冒険家・植村直己が、婚約中だった野崎公子へ宛てて、ヒマラヤ・ダウラギリ峰をのぞむチベット国境の村から出した手紙である。

私が公ちゃんをだますように、一緒になること強ようしたこと、私の一方的に遊びにくれ、申し訳けない次第ですが、私自身も、このような不安定な身を、いつまでも続けることは考えてもおりませんし、今日まで築いた道を、自分達の将来の生活の道に向けてゆきたいと思っております。私の身も、もう自分のものであって自分のものでない、また、公ちゃんの体も、公ちゃんのものでない、私達のものであること。

私も、いかなる冒険活動しようと、体あってのこと、絶対無理はいたしません。

ここカトマンズにやってき、(3年ぶり) エベレストを眺め、古いシェルパの友に逢い、ヒマラヤの苦楽を憶いかえし懐しく感じております。又、私の今日までやってきた一端でも公ちゃんに、実際に、公ちゃんの目で見てもらい、私は説明したいなど思いカトマンズの町を歩いておりました。

私のような人間はこ独がゆえに、できたことであって、他人に口を大にしていえるようなものでなく、公ちゃんだけには、私のこと理解し、よくやったといってもらいたいと思っております。

私はいろいろ人に接し、協力によって、ここまでやってくることができましたが、私にとって、これから先たよれる人は、中出水でも広江等山岳部の同僚でもなく公ちゃんになるでしょう。

少なからず公ちゃんとの出合は私の人生を総てかえ、私を救ってくれる人であることまちがいありません。私のようなバカな人間は、とても公ちゃんに近づけるものでないですが、私とて、人間にて、心を押えることができませんでした。俺のような悪人につかまってしまったと、一生を棒にふってしまったとあきらめて下さい。

(昭和四十九年三月十七日付)

結婚を目前とした相手に、きみは一生を棒に振ろうとしているがあきらめてほしいと言っているわけで、考えようによっては、ずいぶん乱暴なラブレターである。

植村が公子と初めて出会ったのは、学生時代から行きつけのトンカツ屋だった。グリーンランド西岸三千キロの単独犬橇旅を成功させた直後の昭和四十八年夏のことだ。

昭和四十五年に日本初のエベレスト登頂、マッキンリー単独登頂を果たし、世界初の五大陸最高峰登頂者となった植村は、冒険家として知らぬ人のない存在だったが、三十二歳にして定職はなく、経済的には不安定だった。文中に「公ちゃんをだますように、一緒になること強ようした」とあるが、植村はかなり強引にアプローチし、婚約にこぎつけたようだ。

手紙には、やっと見つけたただひとりの女性にだけは自分を理解してほしい、よくやったとほめてほしい、孤独から救ってほしいとの思いがあふれている。甘い言葉はひとつもないが、その無骨さがかえって胸をうつ。

この旅から帰ってまもなく、ふたりは結婚する。昭和五十九年に植村がマッキンリーで消息を絶つまで、十年間の結婚生活だった。

公子夫人は、〈俺は馬鹿でどうしようもない人間で、でもこれだけはやらなければならなくてはといつも理由にならないような理由を付けては旅に出かけてゆく彼を、ごく当たり前に暮らしながら、早く普通に暮らしたいなあといつも見送っていました。そう、この旅が終わったら穏やかに暮らせると思い続けていたのです〉と書いている（『植村直己　妻への手紙』）。

孤独ゆえに自分のような人間ができあがったという意味のことを、植村は手紙の中で書いているが、青春時代とは孤独と鬱屈の日々でもある。気持を伝えようとすればするほどもどかしさがつのり、それでもやっぱり書かずにはいられない——そんな恋文もあるのだ。

百鬼園先生のもどかしさ

次に引くのは、夏目漱石門下の作家で、鉄道紀行の『阿房列車』シリーズや『ノラや』などの名随筆でいまも人気の高い内田百閒の手紙である。

……僕はね清さん自分に意識して居乍らどうする事も出来ない偏癖を持つて居る、純い感情の泉から湧き出して来たことでも僕の意識がともなふと、それを自分の言葉にする事が出来ない。だから考へて見れば幾分清さんが可哀くもある。その僕の偏癖のために、僕の心の底からの恋人となつて僕に腕に抱かれた時にでも僕の口から聞くうれしい言葉の数は少いだらう故に、僕は云ひたい云つてあげたい事は限なくあつても、それの云へないのが僕の偏癖、その偏癖をいいものとも何とも思はないが、どう思うても思はなくても、僕に備つた癖なんだから、少くも今の内はどうにも仕方がない。

それでもまだ清さんが僕の腕の内にある時は少しでも云へるけれど、離れて座つた時になるとこのここに座つて居る清さんをどうしようと思ふ位に可愛く思うてもその心を言葉にして清さんの耳にきかすことが出来ない。（中略）
夏目先生が僕をセンチメントのない理知の発達した男と評したと云ふことをいつか太宰からきいて僕は自分を顧みて可笑しくもあれば又虚栄的なよろこびもある。はだかに見ればセンチメンタルな男が理知の方面のみを人に見せようとするのは、これも一つの思はせぶり《アフエクテーション》ではないかと考へれば僕の偏癖に理由はつけられぬ様になる。何でもいゝねえ清さん、そんな癖のをかしな男の僕が清さんを愛して居ると云ふ事だけで結構。

（推定明治四十五年一月二十八日）

「清さん」とは、のちに妻となる堀野清子である。
百閒は岡山市の生まれで、旧制岡山中学、旧制第六高等学校（岡山大学の前身）を卒業している。清子は中学・高校時代の親友・堀野寛の妹だった。百閒は中学時代、すでに清子に恋心をいだいており、彼女のことだけを延々と記した日記が残っている。

明治四十三年、百閒は東京帝国大学入学のため上京。清子も、父と兄の寛が相次いで死去したため、もうひとりの兄・義丈を頼って東京に移り住んでいる。ふたりは百閒が帝大の二年生のときに結婚。二十三歳と十九歳だった。

この手紙が書かれたのは結婚直前のころである。頻繁に会っていたにもかかわらず、百閒は毎週のように長文の手紙を書き送っている。

百閒は無愛想で偏屈な人物として知られていた。作品の中ではそれが、ときに辛辣で、ときにユーモラスな、なんともいえない味をかもしだしているが、若い頃の恋愛においては、もどかしい思いをしたことがあったのかもしれない。

気おくれする『男性自身』

もうひとり、恋する相手の前で闊達に振る舞うことができず、手紙に思いを託して送りつづけた人がいる。平成七年に亡くなった山口瞳。直木賞を受けた『江分利満氏の優雅な生活』、エッセイ『男性自身』シリーズなどで知られる作家である。

山口が、のちに妻となる古谷治子と知り合ったのは、昭和二十一年五月、十九歳のとき。林達夫、高見順、吉田健一などが講師をつとめていた鎌倉アカデミアの同期生で、ともに文学を学んでいた。出会いから三か月後、山口がはじめて治子さんに書いた手紙から。

……今、洋服を浴衣に取り変へます時、貴女とブツケツコしたブドウの一粒がつぶれた儘で、オヘソの辺りから出て来たのですが、その一粒のグチヤグチヤな果実を見て居りますと、今日の一日が偲ばれて、と申しましても私には遠い所へ逃げてしまつた今日の世界なのですが、思はず、涙が出さうになつて、それをこらへる為に変な顔、……アノ赤ン坊のするイイオカオみたいな顔……を暫く続けてゐたので御座います。

私には一月に一度位、何もかも嫌になつてしまふ日が御座いますのですが、今日ふいにそれがやつて来まして、その日は何でも呪つてやりたい様な悪い私になるので御座います。ハツキリ申しまして、貴女とイツシヨにボートに乗ってゐる山内が甚く憎らしくて、それでブドウを貴女に投げつけたりしたのですが、ボートのうまい山内を抜いてやらうと、初めてオールを握った様な私が、口の中で、「一、二、三、四」と掛け声をかけながら水シブキをあげて、漕いで居りますと、それでもグングン山内に引離されて、気負って漕いでゐる私自身がひどく、浅間しく思はれて、ヤリキレナイ様な気がいたしたので御座います。（中略）こんな時代に私達は生れて、戦争に生き残つたこと、又現在生きてゐること其のものが貴いことだ、私達はナニガナンデモ生きねばならないとは何時も私が考へてゐることなのに、それに今日はそのオメデタイお誕生日で、美しくて若い貴女の二十歳のお祝ひなのに、私ひとりひねくれ者で、貴女にオメデトウも言へないで、ゴチサウも満足に戴けないで、ヒトリオロオロしてゐた私がナントイフ情けなさで私の目にクローズ・アップされて来たことか。お許し下さい。お約束の（貴女と若林に）花束も買って来ない私、決して決してこれは私の平生のオヒトガラでないことを信じて下さい。それで帰りがけに、貴方から無理にこの手帖を借りてお詫びを書かねばならなかつたのです。今、ケフイチニチがそんなに嫌な日で、それでゐて想ひ出してみると、とても愉しい様な妙な気がします。

（ヘンナキモチカナ、イマノボクハ）

この日、鎌倉アカデミアの仲間たちが治子さんの誕生日を祝う集まりがあった。その帰り、みんながお祝いの寄せ書きをした治子さんの手帖を、山口が持って帰ってしまった。返された手帖に書かれていたのが、この手紙だったという。

片思いの女性の前で素直になれず、つい虚勢を張ったり、いじけたり。そんな自分のみっともない姿に気づいてしまったときの、いたたまれなさ。誰しも思い当たる青春期の屈託した恋心だが、山口の文章には後年の名エッセイを彷彿とさせる独特の軽みとユーモアがあり、つい微笑んでしまう。

治子夫人は、この手紙を読んだとき、甘酸っぱいような気持が胸にあふれ、すぐに返事を書いたと回想している。ここからふたりの恋愛は始まり、三年後に結婚。山口の死まで、四十六年間連れ添うこととなった。

山口瞳の恋文には、恋する相手がつねに人の輪の中心にいる女性であることへの気おくれと寂しさが見てとれる。特定の対象のいない、漠然とした嫉妬心。相手が美しく魅力的であるほど、そんな感情にとらわれてしまうのだろう。

作家・島尾敏雄もまた若い日に、そうした思いを吐露した恋文を書いている。

特攻命令の夜に

島尾は昭和十九年の暮れ、特攻艇・震洋の部隊をひきいて、奄美大島の南にある小さな島、加計呂麻島《かけろまじま》に着任した。海軍予備学生出身、まだ二十七歳の隊長である。いつ出撃命令が出るかわからない中、彼はひとりの女性と恋に落ちた。のちに結婚し、名作『死の棘』のモデルとなる大平ミホである。

彼女は島でただひとり〝加那《かな》〟（＝姫）と呼ばれる娘だった。旧家の一人娘で、東京の女学校を出た才媛。二人は深夜の浜辺で逢瀬をかさねるようになる。

ミホは島を守りにきた「隊長さま」である島尾に、崇拝に近い思慕を捧げるが、それでも島尾は不安な気持にかられることがあったようだ。

ナゼカ怒リガ湧キオコリ、ミホヲイヂメマシタ

怒リハナゼオキタ？

ナンデモナイトコロカラ怒リハ広ガツテ行キマシタ

急ニムラムラト、ミホガヒトニ知ラレルコトガ、タマラナク嫌ニナツタノデス（カクシテシマツテ置クコトガ出来ルナラ）

キノフ一日気ガタツテヰタ、ヒルマ、ハマベニ行クト、ミホノ坐ツテヰタトコロガ凹ンデヰタ。ヨル、ドウシテモ来ルニ違ヒナイト云フ気ガシタカラ二時半ニ起キテ行ツテミタ

ハマベハ闇バカリ、ハゴイタ星ハ大分タカク空ノ上ニ上ツテヰタ。ヤガテ気味ノ悪イ銀星ガギラギラ光リ出シタノデ、ヌケガラノヤウニナツテ帰ツタ。敵機ガ来テ機銃ノ音ガシマシタ。星ガ流レル

コンヤハ三時ニオキテ見廻ツテ歩キマス

トシヲ

ミホ

愛する人を誰にも見せず、どこかに隠して仕舞っておきたいという。南島の浜辺の情景も相まって、実に美しい恋文である。しかし、その美しい情景の中に突如、敵機の機銃の音が響いてくる。明日の命も知れぬ中での恋愛だったことに、あらためて気づかされる。

ふたりが交わした手紙は、島尾を敬愛する部下の兵曹が、部隊と村落を往復して運んでいた。この手紙がミホのもとに届けられたのは、昭和二十年八月十三日の昼間。同じ日の夜、いつもの兵曹が息を切らしてミホの家に駆け込んできた。

「今夜、隊長が征かれます!」――特攻の待機命令が出たのだった。

ミホは、兵曹を待たせ、急いで手紙をしたためる。

北門ノ側マデ来テヰマス
ツイテハ征ケナイデセウカ
オ目ニカカラセテ下サイ
オ目ニカカラセテ下サイ
ナントカシテオ目ニカカラセテ下サイ
決シテ取乱シタリイタシマセン

敏雄様

ミホ

出撃を見届けて自決する覚悟だった。手紙を渡すと、父に宛てた遺書を家に残し、島尾部隊の北門へと急ぐ。新しい下着、母の形見の喪服、足もとの乱れを防ぐ紋平《もんぺ》という死に装束に身を包んで。

つかのま会うことのできた島尾は、「演習をしているんだよ」と嘘をつき、ミホを帰す。ミホは、特攻艇の出撃を見届けて自決しようと、浜辺に正座して待つ。しかし部隊に動きのないまま夜は明け、八月十四日となる。

この日も最終的な出撃命令は出ず、十五日を迎える。

そして正午、玉音放送――。

その長い一日が終わろうとするころ、島尾は最後の恋文を部下の兵曹に託した。文面には、〈元気デス　トシヲ　ミホヘ〉とだけあった。

第二章

「あなたの懐ろに飛びこみたい」

——今生の別れ

肉体関係なくても夫婦とは

戦争の中で青春を送った若者たちの中には、そのまま遺書となるかもしれない恋文を残し、戦場におもむいた者もいる。

俳優、木村功もそのひとりだった。

僕のごときものを心から愛してくれたことに心から感謝している。

梢ちゃんよ、どうもありがとう。

僕たちはこれまで何ら肉体的には関係しなかったが、精神的にはもはや立派な夫婦であった。(中略)

ついに僕は征くことになった。終極は君のためなのだ。僕たちはいかなる試練にも打ち勝って、やがてはいつか必ず報いられる日を強く信じつつ待とう。正しいものは必ず勝つのだ。もとより死は覚悟の上である。いつか話したように人間の二つの運命のうち、どうしても人力で開拓し得ない運命（天命）がある。僕が生死は、ひとえにこの運命の左右するところである。

君は殉死する覚悟でいるらしい。君の愛情は身にしみて心からうれしい。だが、君のその覚悟に対してどうせよとは言わない。いかなる場合に遭遇しようとも、冷静によく考えて、君の真に最も幸福と信じる方法をとってほしい。

僕に万一のことがあった時、君がどんな姿ででも、君にとって一番幸福な姿でやってくるのを、いつまでも待っているであろう。ただ、君を信じることのみが僕に残されている。

入隊直前の昭和十九年一月、恋人の邦枝梢に宛てて書いた手紙である。このとき木村は二十歳。梢は十七歳だった。

ふたりが出会ったのは、昭和十八年春。お茶の水にあった文化学院の三年生と一年生としてである。木村は俳優を志し、すでにいくつかの舞台や映画に端役で出演していた。

木村に召集令状がきたのは翌十九年一月。その後まもなく、木村は梢の家を訪ね、父に結婚の申し込みをする。

梢の父は、昭和初期の流行作家・邦枝完二である。完二は、どこの馬の骨ともしれない男が、これから兵隊に征くというのに、大事な娘をくれといいにきたことに激怒した。娘は、地位も名誉もある男にしか渡さないと決めていたのだ。役者を志して広島の田舎から出てきた二十歳の男など問題外と考えていた。

出征の日、親の目をぬすんで駅に見送りに行った梢は、功と手を握りあって別れた。知り合ってから二度目の握手であった。

手紙に「何ら肉体的には関係しなかったが、精神的にはもはや立派な夫婦」とあるが、たった二度、手を握りあっただけで、十七歳の梢は「殉死」を考えるまでに思いつめており、木村もそれを諫めてはいない。

木村はぶじ復員したが、父は広島の原爆で亡くなっており、被爆した母も病に倒れる。敗戦後の混乱のなか、医療もじゅうぶんでなかった広島で、木村は苦しみつつ死に向かう母になす術もなかった。

ふたりがようやく結婚できたのは、昭和二十三年四月のことである。木村はその後、『真空地帯』『七人の侍』などの映画で戦後を代表する俳優の一人となり、五十八歳で死去するまで第一線で活躍したが、未来に向けた志を中断して戦場におもむいたまま、帰ってこなかった者も多くいる。

戦時中、木村が配属されたのは、九州の航空基地の通信隊だった。梢は、木村の死後に出版した『功、手紙ありがとう』のなかで、次のように書いている。


基地での功の仕事は暗号を傍受すること、解読することであったが、特攻機が基地を飛び出す早暁には無線機を前に、特攻兵たちの最後の通信を受けていた。

トツーツー、トツーツー、レシーバーに通信音が入る。「敵艦発見」「ただ今より敵艦に突入する」

トツー音がツーと長く尾を引いたままになって、ぷつり、とそれさえ切れた瞬間、功の耳の奥でひとりの若い有望な青年が死んだ。

「あれが戦争だ」と後年、功は言った。

「この音は僕の耳から生涯消えないだろう。この音の聴こえる限り、僕は戦争を憎み戦争を反対する」

『クロォチェ』に記された特攻兵の暗号文

木村功が最後の通信を受けた特攻機のどれかに、もしかするとこの男が乗っていたかもしれない。知覧基地から沖縄へ向け出撃した二十二歳の特攻兵、上原良司。慶応大学出身の学徒兵である。

死後に見つかった一冊の本に、彼のひそかな思いが記されていた。愛読書だった羽仁五郎の『クロォチェ』。ファシズムを批判したイタリアの歴史哲学者ベネデット・クローチェの思想を解説した本である。その本文の文字のところどころが、○で囲ってある。それを順番にたどっていくと、次の文章が浮かびあがる。

きょうこちゃん　さようなら　僕はきみがすきだった　しかしそのとき　すでにきみは　こんやくの人であった　わたしはくるしんだ　そして　きみのこうフクをかんがえたとき　あいのことばをささやくことを　だンネンした　しかし　わたしはいつもきみを　あいしている

直接伝えることはできず、自分の死後も相手に届くことのない愛の言葉を、それでも上原は、何かのかたちで残さずにいられなかったのだろう。哀切な恋文であり遺書である。

「きょうこちゃん」とは、幼なじみの石川冾子《きょうこ》。ふっくらした頬に大きな眼の、快活な少女だった。上原の父は医師、冾子の父は陸軍中将、ともに長野県出身である。両者とも父を早くに亡くし、松本市内の篤志家の援助を受けて進学した。互いに一家を構えてからも交流は続き、家族ぐるみのつきあいがあった。

長じるにつれ、上原は冾子に愛情を感じるようになる。慶応大学在学中の上原は、日記に次のように記している。

十八年八月十日　悲しき日、勤労奉仕より帰りて久し振りに馬橋へ伺う。今日は行かなければよかった。否、行っても聞かなければよかった。彼女の結婚の相手が、きまったことを。（中略）私はあなたを愛していると、何度告げようと思ったことか。しかし、それは私の良心が許さなかった。告げることは易しい。しかし、彼女にその後に来るべきことによって不幸にしてしまうのでは、私が彼女達を愛しているという理由は何処に行ってしまうのか。今後も私は心秘かに、彼女の幸多からんことを祈ろう。

不幸なるもの、そは汝なり。

文中の「その後に来るべきこと」とは、自身の戦死のことである。戦況が逼迫する中、二十歳になっていた上原は、遠くない徴兵と死を覚悟し、告白を思いとどまった。彼の思いを知らない冷子は、すすめられるままに、父の部下の陸軍大尉に嫁いだのである。

この年の十二月、上原は学徒出陣により、松本第五十聯隊に入隊する。『クロォチェ』に暗号のような恋文を記したのは、学徒出陣の前だったと思われる。

翌十九年二月、熊谷陸軍飛行学校相模教育隊に入隊。特別操縦見習士官として訓練を受ける。その年の六月、上原は思いがけない知らせを受け愕然とする。冷子が結核で死んだというのだ。上原は〈己が冷子ちゃんを貰ったら、決して死にはさせなかったのに〉〈死を前にもう一度でよいから会いたかった〉とのメモを残している。

上原の特攻出撃は、冷子の死から約一年後の昭和二十年五月十一日。当時、報道班員として知覧基地にいた高木俊朗は、出撃を控えた上原が公然とこう話すのを聞いて驚いたと、著書『遺族』に書いている。

「全体主義で、戦争に勝つことはできません。日本も負けますよ」「私は、軍隊のなかにいても、自由主義者です」

敗北を確信しつつ、それでも祖国のために死のうと上原は思いさだめていた。遺品の手帖に、次のような一節がある。

悠久の大義に生きるとか、そんなことはどうでも良い。あくまで日本を愛する。祖国のために独立自由のため闘うのだ。

天国における再会、死はその道程にすぎない。愛する日本、そして愛する冷子ちゃん。

天国で、今度こそ誰はばかることなく冷子と会うことができる。そう信じて上原は飛び立った。

出撃の前夜に記され、戦後、高木報道班員によって家族に届けられた文章は、こんな言葉でむすばれている。

明日は自由主義者が一人この世から去って行きます。彼の後姿は淋しいですが、心中満足で一杯です。

紙くずに残された蹶起将校の初恋

若い軍人の遺書といえば、二・二六事件の青年将校たちの遺書を思い出す人も多いかもしれない。それらは、事件に連座し自決した河野壽大尉の実兄・河野司氏編纂の『二・二六事件　獄中手記・遺書』にまとめられているが、ここに収録されていない、ごく私的な遺書がある。事件の中心人物のひとりである栗原安秀のものである。

事件の年の七月五日、青年将校らに死刑判決が下った。反乱幇助のかどで予審中だった予備役の齋藤瀏《りゅう》少将はその日、代々木陸軍刑務所の自分の監房で、小さな紙くずを拾った。齋藤瀏の娘である歌人・齋藤史《ふみ》のエッセイ「おやじとわたし——二・二六事件余談」（『遠景近景』所収）にあるエピソードである。

紙くずにはこうあった。

おわかれです。おじさんに最後のお礼を申します。史さん、おばさんによろしく

クリコ

おじさんとは齋藤瀏、史さんとはその娘の齋藤史、そしてクリコとは、史が子供の頃から栗原をそう呼んでいたあだ名だった。

栗原と史は幼なじみ。ともに職業軍人の父を持ち、北海道旭川市の同じ陸軍官舎街で小学生時代を過ごした。軍人の子弟が学んだ北鎮小学校では同級である。

長じてからも家族ぐるみのつきあいが続いた。小学生の頃、栗原は史をわざと男友達のように「史公」とよび、史は女の子のように「クリコ」とよんだ。異性の幼なじみ同士の照れのようなものだったのかもしれない。

軍人となった栗原は、のちにともに蹶起することになる仲間たちの何人かと、しばしば齋藤家を訪ね、史の父・瀏と語りあっていた。瀏は栗原を実の息子のように愛しんでいたという。

栗原は蹶起直後、瀏に「おじさん。すみやかに出馬、軍上層部に折衝し、事後収拾に努力して下さい」と電話をしている。これを受けて瀏は首相官邸、陸相官邸におもむいた。すでに予備役だった齋藤瀏が反乱を利したとしてとらえられ、将官としてただひとり禁錮五年の判決を受けたのには、こうした経緯があった。

政治や軍事の話に加わることはなかった史だが、栗原とは深い信頼でむすばれていた。

事件の頃、栗原も史もすでに結婚しており、栗原が妻に宛てた遺書も残されている。だが小さな紙くずに記された最後のメモは、「クリコ」との署名に万感の思いを込めた、なつかしい「史公」へのメッセージであったろう。おそらくは初恋の相手である史に、ふたりだけの呼び名を使って、栗原は最後に呼びかけたのである。いわゆる普通の恋文ではないが、胸にひびく愛の手紙である。

このメモは、青年将校らに同情的だった看守によって齋藤瀏の監房に運ばれたものと思われる。齋藤は、保存することも捨てることもできず、口に含んで瞑目したという。史は後年、事件の歌を数多く詠んでいる。

白きうさぎ雪の山より出でて来て殺されたれば眼を開き居り

昭和十一年二月二十六日は雪だった。処刑はその年の夏であるが、銃殺された将校の中には、成仏などするものかと、かっと眼を見開いたまま死んだ者もあったという。

額《ぬか》の真中《まなか》に弾丸《たま》をうけたるおもかげの立居に憑きて夏のおどろや

処刑は、一人につき射手二名。まず前額部、次に心臓部に照準し、即死しないときはさらに心臓部を撃つことになっていた。将校らの頭にはみけんの中心に印をつけた布が巻かれた。

暴力のかくうつくしき世に住みてひねもすうたふわが子守うた

事件のとき史は身重だった。五月、父の連行直前に女児を早産する。処刑の夏、史の腕にはみどり児がいた。二・二六事件という〈暴力〉を〈かくうつくしき〉と詠んだのは、罪人として処刑された栗原ら青年将校に代わっての、精一杯の抗議であろう。

戦後四十年以上経ってから、史は次のような歌を詠んでいる。

ある日より現神《あきつかみ》は人間《ひと》となりたまひ年号長く長く続ける昭和

この歌にも、抗議のひびきがある。史はのちに、歌人の佐伯裕子との対談で、天皇のいわゆる人間宣言について〈あれは、逃げられた、という感じでした〉と語っている。〈人間ならばあやまちも多い。「人間だ」「あれはミスだ」と言われたら、許さないわけにいかない〉（『ひたくれなゐに生きて』）

栗原への挽歌ととれる歌もある。

北蝦夷の古きアイヌのたたかひの矢の根など愛す少年なりき
いのち断たるるおのれは言はずことづては虹よりも彩《あや》にやさしかりにき

一首目は、旭川での少年時代の栗原をうたったのだろう。二首目の〈ことづて〉とは、死の直前、栗原が看守に託したメモのことか。この歌は、栗原の最後のメッセージへの、史からの返歌なのかもしれない。

事件から六十一年を経た平成九年、史は宮中歌会始の召人に選ばれた。召人とは、天皇にとくに召し出されて歌を詠む人で、歌会始の際のもっとも重要な奉仕人である。二・二六事件の因縁のある齋藤家に対し、天皇家が和解を申し出た、ととれないこともない。

歌人の道浦母都子は、史との対談で、〈私は今回、史さんが召人、ご辞退なさるかもしれないと思っていたのを引き受けてくださって、嬉しかった〉と述べている。これに対して史は〈喜んでくださる方もあれば、攻撃されるかもしれない。いいわどっちでも、と思った。いじけもしない。卑屈にもならない。何か少し片がついたような気がしました〉と答えている。

〈私一人があんなところへ行って目立つようなことをした、何だかみんなに悪いなという気もしましたけど、まあいいや、「みんな一緒に行こうね」とつぶやいたことは事実です。それで、何かが後ろに並んでるという気がしたの〉

〈御殿の正面の大階段を昇ってゆきました。先導がついてね。後ろの広っぱに軍服の軍人たちが並んでるなっていう気がした〉（前掲書）

史が亡くなったのは、この歌会始から五年後の平成十四年。二十七歳で死んだ栗原と同級生の彼女は、九十三歳になっていた。

後事を託して何ら憂いなし

若い軍人たちから、五十代の将官たちに目を転じてみよう。先の戦争の指揮官たちもまた、最前線へとおもむく前に、愛する者への手紙をしたためている。
昭和二十年四月五日。徳山沖に停泊していた戦艦「大和」の長官室に、沖縄特攻出撃命令がもたらされた日、伊藤整一中将は妻に宛てた遺書を書いた。

――此の度は光栄ある任務を与えられ、勇躍出撃、必成を期し致死奮戦、皇恩の万分の一に報いる覚悟に御座候
此の期に臨み、顧みるとわれら二人の過去は幸福に満てるものにして、また私は武人として重大なる覚悟をなさんとする時、親愛なるお前様に後事を託して何ら憂いなきは、此の上もなき仕合せと衷心より感謝致しおり候
お前様は私の今の心境をよく御了解になるべく、私が最後まで喜んでいたと思われなば、お前様の余生の淋しさを幾分にてもやわらげることと存じ候
心からお前様の幸福を祈りつつ
四月五日
整一
いとしき

最愛のちとせどの――

このとき伊藤は五十四歳、妻ちとせは四十三歳である。若いときから仲の良い夫婦だった。ともに暮らした歳月が幸福であったがゆえに、いま未練なく死に場所へ向かうことができる――そんな言葉を最後に受け取ったちとせは、軍人の妻として本望であったろう。

伊藤にとってちとせは二人目の妻である。最初の結婚は二十九歳のときで、妻は結婚一年足らずでお産のため亡くなった。二年後に再婚した相手が、同じ福岡県出身で、代々続く医師の家の五女、森ちとせである。

吉田満『提督伊藤整一の生涯』に、夫妻のエピソードが数多く紹介されている。

大正十一年、仲に立つ人があって見合いをしたが、親族は、二十一歳になったばかりのちとせが十一歳も年の離れた男の後妻に入ることに難色を示し、いったんは断りを入れた。折り返し、伊藤から森家へ書状が届く。断られたことを了解した上で、見合いの際の森家のもてなしに感謝を述べる丁重な内容だった。

ちとせはその誠実さに好感を持ち、両親に、もう一度伊藤と会う意思を告げる。こうしてふたりの交際が始まり、結婚に至ったのである。

夫妻は一男三女に恵まれたが、子供たちから見ても仲のよい夫婦だった。ちとせが着物や羽織を新調すると、伊藤は丸髷を結わせて、あっちを向いてごらん、今度はこっち、と機嫌良く眺めたという。

昭和十一年秋の大演習のとき、大佐時代の伊藤が艦長をつとめていた重巡洋艦「愛宕」がお召し艦に選ばれた。ちとせはつつがない旅程を祈り、近所の八幡様でお百度を踏む。その後、一首の歌を作って子供たちに見せた。


ひたすらに安かれかしと祈るなり　み戦さふねの八重の汐路を

平凡でひらめきのない歌だけれど、そのほうが母らしくていいと娘たちは思ったという。

伊藤が第二艦隊司令長官を拝命したのは、昭和十九年十二月二十三日である。「大和」の待つ呉に向かう日の朝、ちとせは夫の後ろ姿に「もし負け戦さだったら、帰ってきても家へは入れませんよ」と、笑顔で声をかけた。生還が望めぬことを承知の上で、後のことは心配せず心おきなく戦ってきてください、との思いをこめたのである。
伊藤は娘たちにも遺書を残している。それは〈もう手紙も書けないかも知れませんが、大きくなったら、お母さんのような婦人になりなさいというのが、私の最後の教訓です〉という言葉で締めくくられていた。

日常を案じる硫黄島からの手紙

伊藤とは対照的な手紙を残して亡くなった軍人がいる。硫黄島総指揮官の栗林忠道中将である。
栗林が硫黄島に着任したのは昭和十九年六月。それから米軍上陸までの八か月間に、数十通の手紙を妻に書き送っている。

私もあまり心配しているせいか、この間はお前さんが大変やつれて眼ばかりギラギラ光っている様子を夢に見てしまったのだよ。按摩さんは頼んでいるだろうか？　お風呂も一週二回位は沸かして血のめぐりをよくするようにしないと動脈硬化にもなるでしょう。（昭和十九年十月四日付）

冬になって水が冷たく、ヒビ、赤ギレが切れるようになったとの事、ほんとにいたわしく同情します。水を使った度に手をよくふき拭い、熱くなるほどこすっておくとよいでしょう。（同十二月十一日付）

一つ言い落としたが、この前も述べた通り履物には十分気を付けて、焼け出された場合三里や四里はそのまま待避が出来る事を基礎にして、あれこれ研究しておく事が必要です。この前は古い編上靴をと言うたが、あれはずいぶん悪くなっているかも知れないので兵隊靴はどうだろうか？　と思う。あれなら足袋をはいたままはかれると思う。（同十二月二十二日付）

どの手紙も、妻の日々の暮らしを心配し、助言し、いたわる具体的な言葉に満ちている。高位の軍人にしてはずいぶん世帯じみた内容に思えるが、栗林にとっては、すなわちこれが愛情の表現であった。

妻の義井は栗林より十三歳下。長野の旧家で大事に育てられ、十九歳で嫁いできた。

栗林は母親を大切にした人で、上官の娘との縁談を断り、母がすすめた同郷の義井と結婚した。

たいへん内気で、義井の兄嫁にあたる人によれば、独身時代、呉服屋が家に来て反物を選ぶようなときも、恥ずかしがって奥から出てこなかったという。おっとりしていておとなしく、三人の子の母となり四十歳を過ぎても、どこか幼いところのある妻のことを、栗林は最後まで心配していた。

みずから出撃していく艦隊や戦闘機などと違い、島を守る守備隊は、敵の上陸を待つ立場である。いつ戦闘が始まるかは敵次第であり、いったん始まれば手紙など書く余裕はない。硫黄島からの栗林の手紙は、一通一通が、これが最後になるかもしれないと考えて書かれた遺書といえる。その中で、栗林は妻の健康と安全に心を砕きつづけた。

運命とはかりがたいもので、伊藤が「後事を託して何ら憂いなき」と書いた妻は戦後一年あまりで夫の後を追うように病死。栗林が「お母ちゃんは気が弱い所があるから可哀相に思います」と手紙で案じた妻は、終戦直後は露天で物売りを、その後は住み込みで寮母をするなどして、女手ひとつで子供たちを育て上げ、九十九歳の長寿を全うした。

遺髪を同封した五十六元帥の純情

次に引くのは、聯合艦隊司令長官・山本五十六が、新橋の芸妓・河合千代子に宛てた手紙である。日付は昭和十八年四月二日。この翌日に山本はラバウルにおもむき、同月十八日、乗っていた一式陸攻が敵に撃墜されて死亡した。

……夫《そ》れから明日から一寸前線迄《まで》出かけて来ます　参謀長黒島参謀渡辺参謀等が一処です　夫れで二週間ばかり御ぶさたしますからそのつもりでね　私も千代子の様子を聞いたので勇ましく前進します　四月四日は誕生日です　愉快です　一寸やるのは夫れではどうぞ御大事に　御きげんよふ

左様なら

四月二日　　　　　　　　　　　　　　　　　　五十六

千代子様

手紙には「おほろかに吾《われ》し思はばかくばかり妹《いも》が夢のみ毎夜《よごと》に見むや」という歌が添

えられていた。もしいい加減に思っているのであれば、こんなにもあなたの夢ばかり夜ごとに見るであろうか――そんな意味である。

阿川弘之『山本五十六』によれば、これは万葉集巻十一の「おほろかに吾し思ははばかくばかり難《かた》き御門《みかど》を退《まか》り出《い》でめやも」からの借用で、山本は万葉集をよく読んでいたという。千代子は晩年、知人の医師・望月良夫にした思い出話の中で、「（五十六は）万葉集の勉強をしていました」と語っている（『山本五十六の恋文』）。万葉集にはほかに「おほろかに吾し思はば人妻にありちふ妹に恋ひつつあらめや」「おほろかに吾し思はば下に着てなれにし衣《きぬ》を取りて着めやも」などの歌がある。いずれも恋歌である。

歌とともに、「武蔵」の長官室で散髪した遺髪も同封されていた。日本中に衝撃を与えた五十六の突然の死だったが、遺髪を同封していたということは、本人にはなんらかの予感があったのかもしれない。

河合千代子は新橋の芸妓で、芸名を梅龍といった。株屋の娘で裕福に育ち、女学校も出ているが、関東大震災で父の店が倒産。両親の死や、世話になった男とのごたごたなどを経て、二十八歳で芸妓となる。芸事ができるわけでもなく、名妓にはほど遠かったが、独特の色気があったという。

芸妓姿の写真が残っているが、面長の顔に大きな眼、やや下がり気味の眉とぽってりとした唇に愛嬌がある。

五十六には妻子があったが、海軍の宴席で知り合った千代子とは、死の九年前からのつきあいだった。その当時に書かれた恋文も残っている。

倫敦《ロンドン》へゆくときは　これでも国家の興廃を双肩にになふ意気と覚悟をもつてをりましたし　又あなたとの急速なる交渉の発展に対する興奮もありまして　血の燃ゆる思ひもしましたが　倫敦において全精神を傾倒した会議も　日を経るにしたがひ　世俗の一般はともかく　海軍部内の人々すら　これに対してあまりに無関心を装ふを見るとき　自分はただ道具に使はれたに過ぎぬやうな気がして　誠に不愉快でもあり　また自分のつまらなさも自覚し　実は東京に勤務してをるのが寂しくて寂しくて且《かつ》不愉快でたまらないのです

実はあなたの力になつてそれで孤独のあなたをなぐさめてあげたいと思つて居つた自分が　かへつてあなたの懐ろに飛びこみたい気持なのですが　自分も一個の男子として　そんな弱い姿を見られるのは恥づかしくもあり　又あなたの信頼にそむく次第で

もあると思つて　ただ寂しさを感じるのです
こんな自分の気持は　ただあなたにだけ今こうしてはじめて書くのですが　どうぞ誰にも話をなさらないでおいて下さいねー

当時五十一歳だった五十六の、少年のように純情で率直なラブレターである。

文中にある倫敦の会議とは昭和九年の海軍軍縮会議予備交渉のことで、その出発前夜、五十六は千代子とはじめて交渉をもった。前出の望月医師の著作によれば、このとき五十六は「妹に手をつけて済まぬ」と畳に手をついてわびたという。山本は知り合った当初、千代子に「援助はできないから妹として付き合いたい」といっていたのである。千代子は最後まで五十六を「お兄さん」とよんでいた。

五十六の戦死後、東條首相の使いの中佐が幾度かそれとなく自決を迫りにきたというエピソードが阿川弘之『山本五十六』にある。望月医師も、千代子から聞いた話として同じエピソードを書いているが、そこでは自決を迫りにきたのは、海軍省の軍人となっている。「元帥にあなたのような女がいると恥辱だからすぐ自決してくれ」と言われたが、三十九歳の若さではとても死ねなかったと千代子は語っている。

戦後の千代子は、昭和二十五年に静岡県沼津市で割烹を開店、しかし商売はうまくいかず、三十年に工場経営者の男性と結婚した。平成元年、八十五歳で死去。納棺の際、懐に五十六の遺髪が入れられたという。

戦死したとき、伊藤整一は五十四歳、栗林忠道は五十三歳、山本五十六は五十九歳だった。手紙は、伊藤は太い筆文字、栗林は細かい鉛筆の文字、山本はおおらかなペン字で書かれている。名将としての顔とはまた違った、ひとりの男として個性がにじむ、それぞれの最後の恋文である。

戦犯法廷で誓った夫への愛

この三人は前線での戦死だったが、戦犯法廷で裁かれ、死刑となった将官の夫婦愛を伝える遺書もある。

バターン死の行進を含む捕虜や民間人への残虐行為の責任を負わされ、銃殺刑となった陸軍中将・本間雅晴。ただしこれらの行為は実際には本間の指示で行われたことではなく、裁判は、フィリピン攻略の緒戦で本間に敗北を喫したマッカーサーによる、いわば復讐劇だった。

過去二十年ノ家庭生活ヲ顧レバ茫々夢ノ如シ。
御身ハ温良貞淑ノ妻トシテ能《よ》ク家ヲ修メ子女ヲ養育シ唯々感謝アルノミ。
予ノ亡キ後ハ一家ノ責任　悉《ことごと》ク御身ノ双肩ニ懸ル。願クハ自愛自重長寿ヲ完フセラレヨ。

妻・富士子への遺書は簡潔だが、子供たち宛の遺書に、次のような一節がある。

母ははる〴〵マニラまで来て実に立派に働いて呉《く》れた。法廷に於ける母の証言は完全であつたと弁護団の人達は言つた。母は他の私の友人達と共に人事の限りを尽してくれた。（中略）母の正義感は正しく強い。御身等は珍しく立派な母をもつたことに感謝し孝養を尽さなければならぬ。

本間の妻・富士子は、証言台に立つため、東京からマニラにかけつけた。そして、夫が開戦に反対していたことや、フィリピンの人々に対し平和的であろうとしたことなどを懸命に述べた。

最後に、本間雅晴とはどんな男性かと問われ、富士子は毅然としてこういった。

「私は夫が戦争犯罪人として被告席にある今もなお、本間雅晴の妻であることを誇りに思っています。娘は、本間のような人に嫁がせたいと存じます」

被告席の本間は涙をぬぐった。この証言は法廷中を感動させ、『タイム』誌にも紹介された。敗戦国の女性が、敵国の法廷で、夫への愛を高らかにうたいあげたのである。

大役を終えた妻が帰国する日、本間は手記に〈空の旅に弱い妻が飛行機に酔いはせぬかと心配だ〉と記した。富士子の証言から二か月後の昭和二十一年四月三日、本間は処刑された。五十八歳であった。

第三章

「なぜこんなにいい女体なのですか」

——作家の口説き文句

『新生』から『夜明け前』へ

名文をものした文学者たちは、どんな恋文を書いたのだろうか。次に挙げるのは、島崎藤村が加藤静子に宛てた手紙である。

わたしの勇気と純真を認めて下すつたのはうれしい。わたしは今、極《ご》く静かな心でこれを書いて居ます。朝のやうな静かな心で書いて居ます。あなたも同じ静かさをもつてこれをお読み下さい。そしてわたしたちのLifeを一つにするといふことに心から御賛成下さるでせうか。それともこのまゝの友情を——唯このまゝ続けたいとの御考へでせうか、それをお聞かせ下さい。わたしたちは方針の定めよう一つでどうにでもこのLifeを導き得るやうな右することも左することも出来る位置にあると思ひます。

○

これまでのお手紙は実につゝましやかなものでした。より高い生活に入ることが出来るとの勇気と確信とが持てるやうでしたらもつと直接な言葉で話しかけて下さい。

（大正十三年四月二十八日付）


この手紙を書く前に、求婚あるいはそれに近い言葉を藤村は口にしたようだ。このとき藤村五十二歳、静子は二十七歳である。

極度に貧しい生活を妻子に強いた駆け出し作家時代、藤村は三人の子供と妻を次々と亡くしている。執筆に励みつつ、遺された四人の子を男手一つで育てる中、身のまわりの世話に来た姪のこま子と過失を犯し、妊娠させてしまう。

逃げるようにヨーロッパに渡った藤村は、帰国後、それを告白した小説『新生』を書く。この作品は高い評価を受けるが、一方で大スキャンダルを巻き起こした。芥川龍之介は、藤村を「老獪なる偽善者」と呼び、小説のかたちをとって告白をおこなうことで、社会的地位を守ろうとしたと非難した。

そんな藤村が五十代になって、二十四歳も年下の静子に求婚したのだ。この手紙を書いたころの藤村は、すでに全集も出版し、文学的名声を得ていた。しかし複雑な過去をかかえ、四人の子供を育てながら執筆に苦闘する生活に、心安らぐときは少なかったようだ。そうした中、静子の存在は一条の光であった。

加藤静子は東京神田に医師の次女として生まれた。幼いころから胸を病み、東京府立第一高等女学校を経て女子英学塾（現在の津田塾大学）に進むが、療養のため中退。藤村との出会いは大正十年、二十四歳のときである。女子英学塾の先輩に誘われて、飯倉片町にあった藤村の書斎をたずねた。

穏やかで控えめな静子を藤村は気に入り、みずからが創刊した雑誌『処女地』の編集助手として雇い入れる。同誌の廃刊後は秘書としてそばに置いた。求婚は、出会いから三年たった大正十三年。文学者として尊敬の気持ちで藤村を見上げていた若い静子は悩む。静子が藤村に宛てた手紙には、戸惑いの気持ちがあらわれている。

近くゆけばゆく程、知る矛盾の多いその人にわたしはなんと、話しかけたらよいのでせう。そうした心を抱いて、ながい、ながい道を、その人はどうやつてこれまで歩いて来たことか。（大正十三年四月十四日付）

沈黙をゆるして下さい。
二ツの道のどちらを歩んでゐるのだか、それさへ知らないのです。笑つて下さい。
苦しい沈黙を敢て守ります。自然の声の聞ゆる日まで。
（同四月三十日付）

藤村は粘り強く説得する。表現は控えめだが、その底には強い意志が感じられ、見ようによっては相当に強引である。

最愛の友へ
自然の声の聞えて来る日まで待てとは、いつぞやの御便りでした。あれから私はもう二年も三年も待つて居るやうな気がします。（同六月二十六日付）

お手紙の終りの方に書いてよこして下すつたこと――あれならば御心配なく、二人が生れない前どころが《ママ》もつとずつと以前にどん〳〵流れて行つてしまつたやうな過去は現在とつながりのありようもありません。過去に煩はされないことは私の性質の取柄の一つと自分でも信じてゐるのにそんなことがあなたの気にかゝるのかと思ふとすこし恨めしい。

○

もうそんな話はよして下さい。もつと〳〵大切な目標に向つて進んで下さい。新しい生命をそだてるためには一切の過去をいさぎよく葬るほどの心がなかつたらどうして五年もの長い月日が待てるものですか。今の私は天空海濶です。

（大正十四年六月二十五日付）

結婚は、求婚からさらに四年たった昭和三年、藤村五十六歳、静子三十一歳のときである。

静子がふたりの書簡をまとめた『藤村　妻への手紙――静子よりの手紙を添えて』によれば、挙式の数日前、静子が藤村からの手紙を焼き捨てたいと話すと、藤村は「もしそうすることがあなたの進路を容易にするとお考えでしたら、そうして下さい。私はあなたから頂いたものは大切にしておく」と言ったという。

昭和十一年、静子を伴って渡欧した藤村は、パリの宿で妻をしみじみ見つめ「もしあなたがいなかったら……、こんな明るいところへは出られなかったんだ。……ありがとう」と言って泣き伏した。

静子の支えのもとで、大作『夜明け前』を完成させた藤村は、昭和十八年八月、七十一歳で死去した。十五年間の結婚生活であった。

たましひはぬけてしまひます

功成り名を遂げた五十代の文学者と二十代の女性という組み合わせは多い。歌人の斎藤茂吉は五十二歳のとき二十五歳の女性と恋に落ちているし、詩人の金子光晴もやはり五十二歳で二十二歳の愛人をもっている。藤村は独身であったが、この二人は妻帯者、つまり不倫の恋である。

斎藤茂吉が愛したのは、美貌の弟子・永井ふさ子。彼女に宛てた恋文は、「痴愚の極み」と評する人もいるほどの、狂おしい熱情に満ちている。

○御手紙いま頂きました。実に一日千秋の思ひですから、三日間の忍耐は三千秋ではありませんか。何度カギで明けてみるか分かりません。その苦しさは何ともいはれません。全くまゐつてしまひます。ふさ子さんどうか、御願だから、ハガキでいいから、下さい、そして、今日は外出とか（叔母と）たゞそれだけで結構です。○きのふも今日も電話して、御留守だつたので、非常にガツカリしました。特に今日のは診察前からかけて、荘の人が、どなた？ どなた？ などと幾遍もきかれて、恥かいたやうにおもつてこまりました。（中略）○お部屋でたゞ二人で、ふさ子さんの笑ごゑでもすると、ひとはキスでも強ひてゐるのではないかと取られはしないだらうかと思つて、胸がどきどきして落付いてゐられないのです。しかし、そのときのうれしい気持は全身に満み〔原〕わたつてゐました。いくらか御わかりになつたでせう。伝達するものですから。○春あたりまで〔破損〕で、醜老の身を歎じて〔破損〕が、このごろは全く、とりこになつてゐます。きのふも渋谷郵便局で電話かけてしをしをと立去り、ウナギで辛うじて元気出し恋愛を断念しようとおもつて、文芸春秋の文章を一気にかいたのです。ゆうべは一晩よくねむれませんでした。

（昭和十一年十一月二十四日）

茂吉が永井ふさ子と出会ったのは、昭和九年九月十六日、向島百花園で行われた正岡子規の三十三回忌の歌会である。

ふさ子は松山市の出身で、父が正岡子規と幼な友達であった。弟子となったふさ子に、茂吉は次第に夢中になる。輝子夫人とは前年から別居中だった。昭和十一年の一月、二人で浅草寺に詣でた帰り、ふさ子は初めての接吻を受ける。このころから茂吉は、実に素直に思いのたけをつづった手紙をふさ子に送っている。

○ふさ子さん！ ふさ子さんはなぜこんなにいい女体なのですか。何ともいへない、いい女体なのですか。どうか、大切にして、無理してはいけないとおもひます。玉を大切にするやうにしたいのです。ふさ子さん。なぜそんなにいいのですか。○写真も、昨夕とつて来ました。とりどりに美しくてたゞうれしくてそわそわしてゐます。併《しか》し、脣は今度からは結んで下さい。又お笑なるならば思ひきつて笑つて下さい。丁度私のまへでお笑になるやうに笑つて下さい。さうでないなら、すましてください。○私が欲しいのですから、電通で、もう一つとつて下さい。代は私が出します。写真は幾通あつてもいゝものです。ふさ子さんの写真は誠に少い。ほかのお嬢さん方は年に十はとりますよ。今度の御写真見て、光がさすやうで勿体ないやうにもおもひます。近よりがたいやうな美しさです。

（同十一月二十六日）

○ふさ子さん、何といふなつかしい御手紙でせう。実際たましひはぬけてしまひます。あゝ恋しくてもう駄目です。しかし、老境は静寂を要求します。忍辱は多力也です。忍辱と恋とめちやくちやです。○ふさ子さんの小さい写真を出してはしまひ、又出しては見て、為事してゐます。今ごろはふさ子さんは寝ていらつしやるか。あのかほを布団の中に半分かくして、目をつぶつて、かすかな息をたててなどとおもふと、恋しくて恋しくて、飛んででも行きたいやうです。あゝ恋しいひと、にくらしい人。

（同十一月二十九日）

ふさ子の著書『斎藤茂吉・愛の手紙によせて』によれば、このころの茂吉は、「堪えられるものではないです、こんなに年をとってから……」と言って、はらはらと涙を流すこともあったという。〈それは恰《あたか》も幼い子が手放しで泣く様に、あとからあとから涙が流れ出て、私は途方にくれてしまった〉。

茂吉はふさ子に執着しつつも、この関係をあくまで秘密にしようと心をくだいた。ふさ子は罪悪感のあまり別れを決意し、岡山に住む医師と見合いをし婚約を交わすが、心は揺れた。茂吉も未練が断ちがたかったらしく、ふたりはよりを戻してしまう。逢瀬をくりかえし、いっしょに旅にも出た。

しかし、茂吉に家庭を捨てるつもりなどあるはずがなく、いつかは清算するしかない関係だった。まもなくふさ子は医師との婚約を解消し、同時に茂吉との恋愛も断念する。

茂吉の手紙は全部で百通以上あったようだ。最初のころの手紙三十通ほどは茂吉の望みで焼却したが、その後に受け取った手紙八十通あまりと葉書約四十通を、ふさ子は大切に取っておいた。戦争中は、空襲があると、これらの手紙をリュックの底に入れて逃げたという。

ふさ子の存在は、茂吉の歌境に哀切な華やぎをもたらした。引用した手紙の書かれた昭和十一年の歌。

若人《わかひと》の涙のごときかなしみの吾にきざすを済《すく》ひたまはな

年老いてかなしき恋にしづみたる西方のひとの歌遺りけり
まをとめと寝覚めのとこに老の身はとどまる術のつひに無かりし

ふたりには合作の歌もある。

光放つ神に守られもろともにあはれひとつの息を息づく

上の句「光放つ神に守られもろともに」を茂吉が作り、ふさ子に下の句をつけるようにと言った。ふさ子は最初「相寄りし身はうたがはなくに」と詠んだが、それでは弱いといわれ「あはれひとつの息を息づく」と詠むと「今度は大変いい、人麿以上だ」と茂吉は喜んだという。確かに悪い句ではないが、「人麿以上」とは、茂吉のはしゃぎぶりがわかる。

僕がのんだ君の樹液、君のひこばえ

金子光晴が愛人としたのも、茂吉と同様、はるか年下の女性だった。大川内令子、二十二歳。詩人志望の彼女が作品をたずさえて金子の自宅を訪ねてきたのは、昭和二十三年三月のことである。

　この日、令子は着物姿だった。金子は和服の似合う女性が好きだと聞いたからだ。彼女は海軍の要職を歴任した大川内伝七中将の次女で、戦後、郷里の佐賀県に隠棲した両親と離れ、東京で気ままに暮らしていた。父親の軍人臭さを嫌い、権力に抵抗してきた反骨の詩人としての金子に強い憧れをいだいていた。

　そんな令子は、妻子ある詩人のアプローチにあっという間に籠絡される。次に引くのはふたりの関係が始まって間もないころと思われる時期の、金子光晴の手紙である。


　　庭には光がさしてゐる。ふれるものがすべてなま〳〵しく、ふれる恐怖と、新鮮さで、ふれあひ、そよぎあってゐる。生命の欣びといふよりも、生命の宿命の奇怪さに達してゐるようだ。

　　僕がのんだ君の樹液。――僕の内部の萌芽と、君のひこばえ。それがうんだ二人の間の愛情は、持続しがたい愛の方則の上で、二人を永く結びつけるやうに思はれる。それは、お互ひのかけ離れたものの新鮮さかもしれない。とにかく僕は、君の愛情の洪水のなかで、背丈が足りなくなりさうになってゐる。そんな幸福は、たゞ物語りの上とだけおもってゐたのに。

　その陶酔を信じがたくなってきてゐる世の中で、僕らは。

この手紙はいかにも詩的な文章だが、その後、話しかけるような文体になっていく。

　小さいかあいゝ兎さん。

　おにーは少しも変らないよ。昨日来たさうだ。僕は三日三夜の徹夜で薬をのんで昏睡してゐた（茶の間のわきで）。

　かへったさうだが、ウチのものが、君に別れるやうに言ったかもしれない。僕の心を歪めて伝へたと思ふ。しかし僕を信じて下さい。

　こんど君のところへゆく日は永久にゆく日だ。いろ〳〵考えすごしをしないでたゞ僕を信じて、いづれにしろ今月中で片付く。それからもうウチのものに君が交渉する必要はない。過程としていろ〳〵なことがあってもまちがへずに。

〈兎さん〉とは、色白で小柄だった令子のニックネームである。金子は自分のことを〈おにー〉＝お兄《にい》と呼んでいた。

この手紙は、欄外に〈絶対に決行　他に心をうつすな〉〈決行か死か〉と書かれている。決行とは、婚姻届の提出のことだったと思われる。金子は令子をつなぎとめておくため、妻・森三千代の籍を勝手に抜き、短い期間ではあるが令子を入籍することまでした。

昭和二十七年五月、金子は佐賀県の令子の実家に挨拶に行き、父親に結婚の許可をもらう。翌年三月に令子との婚姻届を提出。その年の十二月、令子に無断で離婚届を提出し、三千代との婚姻届を提出する。

昭和三十三年十二月、三千代に無断で離婚届を提出し、令子との婚姻届をふたたび提出している。

昭和四十年三月、令子との離婚届を提出し、三千代と婚姻届を提出。

つまり、戸籍上、令子と二回結婚して二回離婚していることになる。

二度目の離婚のころから金子の体調が思わしくなくなり、次第にふたりは疎遠になっていく。結局、金子は三千代のもとに帰った。

最晩年の金子に、三千代に捧げた「うちの彼女に」という文章がある。その中の一節。

貧乏は、相当なものでしたね。これには後悔し、迷った末、別の人生に乗り移ろうとしたこと再三と想像するが、それもがまんして今日まで二人三脚をつづけてきたのはやはり、乗りかかった舟というだけのことばかりでなく、お前さんでなければわかってもらえないことがこちらにもあり、そちらにも、無精ばかりでなく、たよりにならないためにかえって放って置けなさがあったのであろう。僕の七十七歳の賀のとき、「苦労もしたが、この人との半生はおもしろかった」と述懐した。あれは、全部と言わなくても、半分はほんとうだったのだろうとおもって、心なぐさんでいる。

晩年の金子は、信玄袋を提げてストリップ小屋へ行ったり、イベントで春歌を歌ったりする言動が若者に受けて人気者になったが、それまでは、かつての流行作家・森三千代の方が、よほど名を知られていた。

三千代は、金子が令子と関係していたころリューマチをわずらっており、ほとんど床の中ですごす状態だった。金子は、令子を手放したくないがゆえに二度も入籍をしたが、令子の「夫」だった間も、三千代の病状を心配して、何度も自宅へ帰っていた。

金子が亡くなったのは、昭和五十年、七十九歳のときである。最後まで添いとげたのは、青春時代に恋に落ち、ともにアジアやヨーロッパを旅し、子をなし、戦争の日々をくぐりぬけてきた森三千代であった。

令子の存在を報じたのは、金子の死の三か月後の『週刊朝日』である。記事によれば、掲載に際して令子は、自分の存在を明かすことと、金子のラブレターを公表することについて、三千代に了解をとってほしいと希望した。記者が三千代に会いにいくと、彼女は「異存はございません」とすぐに了承した。

「あれは金子が、いけなかったんです」「あの方も、いいたいことは山ほどあるでしょう。胸の中のものを、吐き出した方がサッパリすることでしょうよ」と語り、「むかし、この家にも、お見えになりました。色の白い、とてもキレイな方でした……」と、静かになつかしんだという。

記事が報じる三千代の態度は、夫の浮気相手の若い女に対する同情さえうかがわせる。金子のいう「二人三脚」の相棒としての、ゆるがぬ自信があったのだろう。

対して令子は、金子にふりまわされる人生を送った。金子は、令子がほかの男と付き合うことを禁じ、浮気できないよう、令子の内腿に木綿針で「みつ」という字を入墨することまでした。

金子が亡くなったとき四十九歳になっていた令子は、独身のままで、金子に教えられた睡眠薬の中毒から、まだ完全には脱けきっていなかったという。

茂吉も金子も、恋文を読む限り、はげしい恋情を抑えかねていたように見えるが、自分で自分を煽っていた部分もあるかもしれない。男が五十の坂を越え、老いを意識するようになると、若い女性との恋愛を通して自分の若さを確認したくなるのだろうか。

どちらの女性も、ずるずると関係を続けた挙げ句、中年に近い年齢になってから自然消滅のようなかたちとなり、結局は婚期を逃している。そのことを知って読むと、ずいぶんと罪つくりな恋文に思えてくる。

茂吉にはふさ子との恋愛を詠んだ歌が数多くあり、金子にも、令子をモデルにした『風流尸《し》解記《かいき》』という小説がある。ふさ子は歌人であり、令子は詩人志望だったが、ふたりとも見るべき作品は残していない。尊敬する文学者に愛され、その作品の中に生き続けるという〝栄誉〟を得たわけだが、はたして彼女らはそれを喜んだのだろうか。

嫁姑不和を憂う家長鷗外

このあたりで、近代を代表する文豪二人に登場してもらおう。

まずは森鷗外が日露戦争のとき、出征先の満州から妻・しげ子にあてた手紙。明治三十八年二月十八日の日付がある。

あれからお前さんの二月三日の手紙が来たよ。一月のおまへさんの手紙があとさきになつて来たのはわかつたらうね。夢は、ねえ、丁度一年目ごろになると両方で見るものだよ。そしてわかれてゐて見るのだからどうせろくな夢ではないのだ。夢なんざあどうでもかまはないとするより外しかたがないのさ。〇それから六日の手紙と写真とが来たよ。まあ、大へんにわかくおなりだね。そしていつもの写真よりはひどくやさしいかはいらしい顔をしておいでだね。さうして見るとおれがゐるとこはい顔でふけてうつるしゐないとかはいらしい顔でわかくうつると見える。ゐない方がいゝのかも知れない。しかしよく写して送つておくれだつた。ありがたう。留守になつてからおもしろい髪が東京ではやると見えるね。女学生にちらほらとあつた髪だがおたふくがあれに結ふと団扇河豚といふお肴見たやうでをかしいのだ。元祖の歌子さんだつてあんまり結構とはおもはないのだ。それなのにお前さんが結ふと立派だからをかしい。どうしても別品は得なものだよ。おや〳〵とんだ事を書いた。別品といふとおこられるのだつけ。大しくじり〳〵○鵠沼はあたゝかでよからうね。茉莉ちやんもこんどは海をこはがるやうなこともあるまいね。茉莉ちやん。お前は病気の時かあさんにくツついてこまらせたといふことだね。親だものをくツつくのはあたりまへだ。病気でない時もくツついてゐてこまらせておやりよ。あばよ。皆さんや栄ちやんによろしく。

二月十八日

林

しげ子殿　茉莉子殿

鷗外の出征は、明治三十七年三月。八日目には第一信をしたため、三十九年一月に帰還するまで百四十通におよぶ手紙を書き送っている。

最初の妻と一年あまりで離婚した鷗外は、四十歳のとき二十二歳のしげ子と再婚。ここに引いた手紙を書いたときは、結婚から三年がたっていた。すでに長女の茉莉が生まれていたが、甘いからかいの言葉を妻に投げかけている。「大へんにわかくおなりだね」「ひどくやさしいかはいらしい顔をしておいでだね」「どうしても別品は得なものだよ」と手放しで褒め、さらに「おやく\とんだ事を書いた。別品といふとおこられるのだつけ。大しくじりく\」とおどけているところなど、まるで恋愛時代の恋文のようである。

小説とは違うやわらかな口語体の文章、そして最後の「あばよ」など、鷗外のイメージを裏切る、楽しい手紙である。

結婚写真のしげ子を見ると、たしかに女優ばりの美人である。鷗外は結婚直後、友人へ「好イ年ヲシテ少々美術品ラシキ妻ヲ相迎へ大ニ心配」と書き送っているが、若い美貌の妻にぞっこんだったようだ。

もともとしげ子は、鷗外の母が探してきた嫁だったが、気が強く、率直にものをいう性格だったため、すぐに折り合いが悪くなり、間に立って鷗外は苦労した。

……母も少し気むづかしいのだからどうかやはらかにあしらつてもらひたい。すべてたれにもやさしくしてあんまりだまつてもをらずいひすぎもせぬといふところでうまくやつておいておくれ。おれがゐればおたがひにおもひちがへなんぞのないやうになる丈《たけ》間にゐて梶をとるのだけれどそれが出来ないからお前さんにしつかりしてもらふより外しかたがないのだ。

明治三十八年八月十日付の手紙である。鷗外の次女・杏奴は後年、この手紙について「祖母と母との間に起つた家庭の不和に就いて、父が如何に両方に気を兼ねて細かい心遣ひをしてゐたか、これ等の手紙を見ると実によく解る」と書いている（『森鷗外　妻への手紙』所収「父の手紙」）。鷗外は俸給は袋のまま自分の母に渡し、それは母が亡くなるまでつづいたという。

これらの手紙が書かれた日露戦争出征中、しげ子は茉莉をつれて実家に帰ってしまっており、鷗外が東京に凱旋してきたとき、自宅に妻の姿はなかった。鷗外は歓迎の宴が終わった後、真夜中に二時間あまり歩いて、千駄木の自宅から芝明舟町《しばあけふね》の実家まで妻を迎えに行っている。

この時期のことを杏奴は「母の半生を通じての不幸な生活が丁度はじまりかけた時である」と書いている（前掲書）。しげ子が姑に仕える心に乏しい嫁だったという説もあるが、鷗外の母が嫁にきつく当たり、人一倍親孝行だった鷗外が、それをかばいきれなかったことも事実だったようだ。

こうした事情を知ると、妻と母を残しての出征中、鷗外がおびただしい数の手紙を書き、それらが子供をあやすようなやさしい言葉であふれていることの意味もわかってくる。いささか大げさに愛情を表現することで、しげ子の気持を少しでも引き立てようとしたのではないだろうか。

鷗外は、母に孝行を尽し、妻の機嫌をとり、子供たちのよい父であろうとし、軍医の仕事にも精魂をかたむけた。自分に要求される役割をすべて忠実に果たそうとした人であり、それができる能力と精神力を持っていた。

そう考えて妻への手紙を読むと、甘い文面の奥に家長としての苦労が垣間見えて、少し切なくなる。

神経衰弱を支えた漱石の妻

次は夏目漱石である。漱石にもまた、森鷗外と同じように、異郷で妻の写真を受け取った感想を書いた手紙がある。

明治三十四年五月八日、留学中のロンドンから妻・鏡子宛ての便り。このとき漱石は結婚五年目、三十四歳である。

御前の手紙と中根の御母さんの手紙と筆の写真と御前の写真は五月二日に着いて皆拝見した

久々で写真を以て拝顔の栄を得たが不相変《あいかわらず》御両人とも滑稽な顔をして居るには感服の至だ　少々恥かしい様な心持がしたが先づ御ふた方の御肖像をストーヴの上へ飾つて置た　すると下宿の神さんと妹が掃除に来て大変御世辞を云つてほめた　大変可愛らしい御嬢さんと奥さんだと云つたから　何日本ぢやこんなのは皆御多福の部類に入れて仕《し》舞《まう》んで美しいのはもつと沢山あるのさと云つて　つまらない処で愛国的気焔を吐いてやつた　筆の顔抔は中々ひようきんなものだね　此速力で滑稽的方面に変化されてはたまらない

生来の皮肉と諧謔が、照れとないまぜになって、なんともいえず味のある手紙である。〈滑稽な顔〉だの〈御多福の部類〉だのといいながら、ちゃんとラブレターになっている。文中の〈筆〉とは、二歳になる長女・筆子のことである。

漱石はこんな手紙も書いている。明治三十四年二月二十日付で、こちらのほうがより恋文らしい文面だ。

金巡りさへよければ少しは我慢も出来るが外国に居て然も嚢中自か〔ら〕銭なしと来てはさすがの某も中々閉口だ　早く満期放免と云ふ訳になりたい　然し書物丈《だけ》は切角来たものだから少しは買つて帰り度《たい》と思ふ　そうなると猶必逼《ママ》する　然し命に別条はない　安心するが善い
段々日が立つと国の事を色々思ふ　おれの様な不人情なものでも頻《しき》りに御前が恋しい　是丈は奇特と云つて褒めて貰はなければならぬ

〈おれの様な不人情なものでも頻りに御前が恋しい〉とは、漱石にしてはストレートな愛情表現ではなかろうか。

昭和六十二年、中島国彦早稲田大学教授が、鏡子夫人からロンドンの漱石に宛てた書簡を発掘し『図書』（岩波書店）に紹介した。その中に、この手紙に対する返事がある。

……あなたの帰り度《たく》なつたの淋しいの女房の恋しいなぞとは今迄にないめつらしい事と驚いて居ります　しかし私もあなたの事を恋しいと思ひつゝけている事はまけないつもりです　御わかれした初の内は夜も目がさめるとねられぬ位かんかへ出してこまりました（中略）どんな事かあつてもあなたにおめにかゝらない内は死なゝい事ときめていますから御安心遊ばせ　此節は廿五円のくらしになれて一向平気な者に御座候それ故いつもおとよさんたちに御姉さんけちんぼうねへといはれ居候

このとき鏡子夫人は二十三歳。漱石がロンドンに出発したときお腹の中にいた次女を出産したばかりである。心細くて当然だが、手紙には悲壮感もべたべたした甘えもない。愚痴めいたことも書かれておらず、漱石の手紙と共通するような、たくまざるユーモアがある。

〈どんな事かあつてもあなたにおめにかゝらない内は死なゝい事ときめています〉と書いたすぐ後に、〈廿五円のくらしになれて一向平気〉〈けちんぼうねへといはれ居候〉と書くあたり、天晴れといった感じである。

漱石の長女・筆子の四女でエッセイストの半藤末利子は、祖母に当たる鏡子のことを次のように回想している。


いつか二人で交わした世間話が、漱石の門下生や、鏡子の弟や二人の息子や甥達に及んだ時、

「いろんな男の人をみてきたけど、あたしゃお父様が一番いいねぇ」

と遠くを見るように目を細めて、ふと漏らしたことがある。

また別の折には、もし船が沈没して漱石が英国から戻ってこなかったら、

「あたしも身投げでもして死んじまうつもりでいたんだよ」

と言ったこともある。


（夏目鏡子述・松岡譲筆録『漱石の思い出』解説より）

かつては悪妻呼ばわりされることの多かった鏡子夫人だが、近年では、彼女だからこそ、ひどい神経衰弱に苦しんだ漱石を支えることができたのだという説に落ち着いているようだ。

ふたりの手紙は、文体を別にすれば少しも古びておらず、むしろ現代的である。ストレートな愛情表現に照れを感じ、諧謔や皮肉を混ぜ込まずにいられないのは、つい自分を外側から見てしまう癖のある人ならではのものだろう。

同じ赴任先からの手紙でも、漱石とくらべると、鷗外の手紙は、妻というより愛娘への手紙のようだ。ふたりの文豪の対照的な夫婦の雰囲気が興味深い。

名文調で罵倒の連打

対照的といえば、漱石と川端康成の、妻へ宛てた手紙をくらべてみるのも面白い。漱石はロンドンからの手紙の中で、なかなか便りをよこさない妻に対して、何度も手紙を書くようにうながしている。

国を出てから半年許《ばか》りになる　少々厭気になつて帰り度《たく》なつた　御前の手紙は二本来た許りだ　其後の消息は分らない　多分無事だらうと思つて居る　御前でも子供でも死んだら電報位は来るだらうと思つて居る　夫《それ》だから便りのないのは左程《さほど》心配にはならない　然し甚だ淋い

（明治三十四年二月二十日付）

其後国から便があるかと思つても一向ない　二月二日に横浜を出た「リオヂヤ子イロ」と云ふ船が桑港《サンフランシスコ》沖で沈没をしたから其中におれに当た書面もありはせぬかと思つて心掛りだ

御前は産をしたのか子供は男か女か両方共丈夫なのかどうもさつぱり分らん　遠国に居ると中々心配なものだ　自分で書けなければ中根の御父さんか誰かに書て貰ふが好い　夫が出来なければ土屋でも湯浅でもに頼むが好い

（明治三十四年三月九日付）

といった具合である。

同じく、妻に手紙をよこすよう言っている川端の手紙を引く。執筆のため滞在していた群馬県の旅館から、東京の自宅にいる秀子夫人に宛てたものである。

新潮と文藝七月号送れ、

なぜ報告の手紙をよこさんのだ、馬鹿野郎、手がくさつたつて代筆されることも出来るだらう、

さういふ投げやりな、きちんと片づけない、ずるずる延しの性質が、とても助からん気をさせるのだ。

腹が立つて昨日も今日も怒鳴りに帰らうかと思つたくらゐだ。

なにも美文の恋文をよこせといふわけぢやない。報せてくれていいことは種々ある筈。例へば敷金は借りられたのか、堀口の犬はどうなつたのか、等々。気になつて仕事のさまたげとなること甚だしい。

いい加減にしろ。ものごとをさつさと片づける習慣をつけろ。少しは考へてみろ。

改造の仕事で疲れ、気をまぎらす術なく、婆さんのやうな顔になつた。

これだつて、原稿受けとり、改造に渡し、間に合つたと、電報でもくれたら、どれだけ安心して、仕事疲れの翌日が眠れるかしれん。僅か三十銭ですむぢやないか。

それくらゐの心は配れ。

果して駅員が汽車につむの忘れなかつたかといふやうなことまで不安なのだ。

いつも、家でさへ、原稿が記者の手に渡り安心するまでは眠れないでゐるの、知つて

る筈。

なにを考へ、何をしてるかしらんが、葉書の一本くらゐ書けないか。あきれたもんだ。

（昭和九年六月十二日付）

〈婆さんのやうな顔になつた〉というくだりには思わず笑ってしまうが、もちろん本人はユーモアのつもりではないだろう。よほど機嫌が悪かったとみえるが、それにしてもこの罵倒の連打。こうして比べてみると、漱石がずいぶんとやさしい夫のように思えてくる。

川端の手紙には小気味のいいリズムがあり、これはこれで稀有なる名文といえるが、受け取った妻にしてみればたまったものではなかったろう。

仏足石に踏まれたい

鷗外、漱石、川端とくれば、この文豪を忘れるわけにはいかない。谷崎潤一郎である。

谷崎といえば、有名なのは松子夫人への恋文。出会ったころ、大阪きっての綿布問屋の夫人で二児の母だった松子を谷崎は崇拝し、「一生あなた様に御仕へ申すことが出来ましたらたとひそのために身を亡ぼしてもそれか《ママ》私には無上の幸福でございます」「決して〳〵身分不相応な事は申しませぬ故一生私を御側において、御茶坊主のやうに思し召して御使ひ遊ばして下さいまし、御気に召しませぬ時はどんなにいぢめて下すつても結構でごさ《ママ》います」などと書き送った。

彼女の存在からインスピレーションを得て多くの名作を書き、結婚後も夫人にかしずいて暮らしたことはよく知られている。

しかし晩年の谷崎が、若い女性に心を寄せ、二百通あまりの手紙を書いていたことは、あまり知られていない。しかもこの女性は、松子夫人の実の息子（前夫との子で、松子の妹・渡辺重子の養子となった）の妻なのである。

彼女の名は渡辺千萬子。谷崎より四十四歳年下である。

お手紙忝《かたじけな》く拝見、何度も〳〵押し戴いて読みました
先日は梅園ホテルで二日間も他人を交へずお話を聞くことが出来いろ〳〵教へていたゞくことが出来ました。こんな嬉しいことはありませんでした、一生忘れられません、これから後もあゝ云ふ機会を与へて下さつたらどんなに貴重な刺戟になるか知れ

ません、おかげで当分創作熱がつゞくと思ひます　殊にあなたの仏足石をいたゞくことが出来ましたことは生涯忘れられない歓喜であります　決してあれ以上の法外な望みは抱きませんから何卆たまにはあの恵みを垂れて下さい　ほんたうに活を入れていたゞいて少しはよいものが書けることゝ張り切てをります

（昭和三十八年八月二十一日付）

ここに出てくる仏足石とはなにか。

この手紙が書かれた前年の暮れ、谷崎は千萬子へ刺繡入りの支那沓（足にぴったりした布製の靴）を贈り、「香港の花の刺繡の紅き沓／沓に踏まるゝ草と／ならばや」との歌を捧げている。

また、奈良旅行で見た仏足石（釈迦の足跡の形を刻んだ石）を引き合いに出し「薬師寺の如来の足の石よりも君が召したまふ沓の下こそ」との歌も送っている。つまり手紙文中の「仏足石をいたゞくことが出来ましたこと」とは、千萬子の「沓に踏まるゝ」ことが叶ったことを意味している。

このことは、瀬戸内寂聴との対談で、千萬子自身が認めている。

渡辺　本当にきわどいんですよ。瀬戸内さんだからばらしちゃうと、谷崎が五体投地みたいにパタッと身を伏せて、頭を踏めとおっしゃったの。

（中略）

瀬戸内　それはもう谷崎先生、恍惚の極みですよ。

渡辺　「手を握られたことないの？」とおっしゃったけど、肉体的に接触したのはそれだけ。

瀬戸内　足の裏と頭だ（笑）。

渡辺　変なの。

（『婦人公論』平成十三年二月二十二日号）

谷崎が千萬子に手紙を書き送るようになったのは、嫁いできて三年ほどたったころで、千萬子はすでに長女を出産していた。谷崎はこの子の名付け親になり、たいへんな可愛いがりようだったという。

千萬子は京都育ちで、大正から昭和にかけて京都画壇で活躍した日本画家・橋本関雪の孫娘にあたる。幼いころから本物に囲まれて育ち、独特の審美眼と文学的感性にめぐまれていた。当時の主婦としてはかなり自由奔放に行動していたようで、幼い娘をつれてスキーに行こうとし、親戚一同に非難されたりしている。

写真で見ると、大柄な、堂々とした感じの現代的な女性で、くっきりとした眉と目が印象的だ。サブリナパンツのようなスラックスを愛用していたが、当時はめずらしかったらしく、昭和三十四年一月二十日付の手紙で谷崎は「僕は君のスラツクス姿が大好きです、あの姿を見ると何か文学的感興がわきます、そのうちきつとあれのインスピレーシヨンで小説を書きます」と書いている。

天衣無縫な千萬子は、文豪・谷崎にも臆することなく、ずばりとものをいった。

谷崎は「近頃人にホメラレルことが多いので、却てウヌボレていけません　遠慮のない批判や非難をして下さるのはアナタだけです　そのつもりでどしどし教へて下さい」と、作品への批評や助言を乞うており、千萬子の意見を容れて小説を書き直すことまでしている。「今後は何事も私に命令するつもりで御遠慮なく頭から高飛車に云つて下さい　私は崇拝するあなたの御意見なら喜んできゝます、あなたはオールマイティです」という文面も見える。

相手を崇拝し自分を下に置くのは松子夫人のときと同じパターンだが、千萬子に対しては淫靡さは感じられない。常識にとらわれない、はつらつとした千萬子は谷崎の目に〝新しい女性〟として映り、そのエネルギーによって文学的な回春をはかろうとしたのだろう。

千萬子をモデルに書かれた小説は『瘋癲老人日記』である。谷崎の〝回春〟は、この作品の中でみごとに果たされたといっていいだろう。

第四章

「モチロン アイシテル！」
――夫婦の絆

関東軍参謀が溺愛した内気な妻

鷗外も漱石も、すでに妻となった相手に恋文めいた手紙を書いているわけだが、これは出征や留学で離れて暮らしていたからこそであろう。

気軽に電話などできなかった時代、手紙は夫婦の絆を保つほとんど唯一のツールだった。書くことと読むことで、共有できない時間を埋めたのである。

まめに書くほど相手は安心したろうが、それにしても膨大な量の手紙を書いた人物がいる。

満州事変を計画・指揮した関東軍作戦主任参謀、石原莞爾。大正九年、歩兵大尉だった三十一歳の石原は中支派遣隊司令部付となり、五月、漢口に着任する。前年に結婚した妻・銻《てい》を残しての単身赴任。翌年二月に妻を呼びよせて一緒に暮らすようになるまで、ほぼ毎日書いている。

鎌チャン！　昨夜ハ懐シイ鎌チャンノ御手紙ガトウ〳〵来ナイモノデスカラ、又例ニヨリ昔ノ御手紙ヲ繰リ返シテ拝見シマシタ。実《ホント》ウニ御目ニカカッテ居ル様ナ気持デス。今日ノ大変気分ガヨイノモ慥《タシ》カニ其為デシタ！　私ノ病気ヲナオスモノハ薬デモアリマセヌ、養生デモアリマセヌ。唯々温イ〳〵鎌チャンノ御情ケ計リデス。

（大正十年一月一日付）

待チ焦レタ御手紙ガ到着シマシタ。丸デ気狂ニナッタ様ニアワテ込ンデ封ヲ切リ、再三再四拝見シマシタ。繰リ返シ〳〵、鎌チャン！　最愛ノ鎌チャン!!　私ハ何モ包ミ隠ス気ニナレマセン。私ノ考ヘタ事ハ有ノ儘《ママ》ニ申シマス。二人ノ間ニ秘密ヤ遠慮ノアロウ筈ガアリマセンカラ。

鎌チャン、再三繰リ返シマシタ。実ハ私ハ落胆シタノデシタ。私ハ二ヶ月ニ余ル積リ積ッタ鎌チャンノ御起居ヤ御感想ヲ詳シク承レルモノト。二十四日ノ夜カラ今日迄三週間ノ長イ〳〵間、待チワビテ居タノデス。

（大正十年一月十三日付）

ここまで熱烈な愛情表現は、当時の軍人にはめずらしいのではないか。

異能の軍人であり、世界最終戦争論をとなえた思想家でもある石原には、現在も心酔者がいる。突出した頭脳と行動力をもつ天才軍人だったという評価もあれば、それは買いかぶりすぎだとする見方もある。

満州事変を成功させ、二・二六事件を鎮圧。陸軍参謀本部作戦部長という中枢にのぼりつめるが、日中戦争の初期に不拡大方針を唱えたことから左遷。東條英機と対立し、太平洋戦争開戦前の昭和十六年三月には現役を退いて予備役へ編入される。いわば〝挫折した大物〟であり、評価のむずかしい人物である。

するどい観察眼をもった昭和天皇をして「一体石原といふ人間はどんな人間なのか、よく判らない」(『昭和天皇独白録』)といわしめているほどであるが、その石原が、これでもかというほど率直な言葉を書きつらねているのだから、ラブレターとは面白い。

ほかの手紙には〈私ハ銻チャンノ人格ニ満腔ノ敬意ヲ払ッテ居マスカラ職務外ノコトハ何デモ包マズ申述ベマス〉という文面も見え、この夫婦の間にあった雰囲気が察せられる。傾倒していた日蓮主義についての記述も多く、信仰を含め、あらゆることを夫婦で共有したいとの思いが見てとれる。

漢口での勤務を終えた石原は、陸軍大学校の兵学教官となるが、大正十二年、軍事研究のためドイツ駐在を命じられる。今度も錦夫人を残し、ベルリンに単身で赴任するが、出発直後に次のような手紙を書き送っている。

現代ハ親ヨリ妻ノ大事ナ時代。小生モ此新時代ノ新人タル資格ヲ失ハザランガ為、手紙ハコレカラモ凡テ我最愛ナル錦子君ニ宛テルコトニシマス。老人ガヤイテモ止ムヲ得ナイ。

（大正十二年一月二十三日付）

じつは錦は、石原にとって二度目の妻である。最初の結婚は陸軍大学校在学中の二十九歳のときで、親が決めた相手だったためか、わずか二か月で離婚しており、実質的な結婚生活はほとんどなかった。

錦との結婚は、陸大を卒業して教育総監部に勤務していた大正八年八月で、石原三十歳、錦二十四歳だった。錦は、陸大時代の教官の夫人の妹にあたり、牛込の成女高等女学校を卒業した才媛である。

鎌の写真はあまり残っていないが、石原から妻へ宛てた手紙を集めた『石原莞爾選集1』には、漢口赴任中の石原と二人、揚子江の船上で写っている写真が収められている。大正十年二月、石原はやっと漢口に銻を呼びよせてともに暮らすようになるが、そのころのものと思われる。

写真の中の銻は地味な着物姿で椅子に腰かけ、控えめにうつむいている。小柄で線が細く、いかにも内気な感じに見える。

『石原莞爾選集2』に、石原の末弟・六郎氏が銻についての文章を寄せている。それによれば、銻はもともと身体が弱かったにもかかわらず、昭和三年に重い中耳炎をわずらって以来故障が続出した石原を看病し、戦争中は床についた姑の世話もしたという。

夫妻は子供には恵まれなかったものの、終生仲むつまじく暮らした。終戦のとき、石原は五十六歳。戦後、A級戦犯の候補にあげられるが、訴追はまぬがれた。山形県の西山開拓地に弟子らと移り住み、都市解体、農工一体、質素生活のスローガンを掲げて農耕生活を送る。昭和二十四年八月十五日、敗戦からちょうど四年後に六十歳で死去した。

石原の死後も、夫人は夫と暮らした家に住んだ。西山開拓地の共同墓地の清掃をし、鶏を飼ったり花を育てたりして生活の足しにしたという。

銻夫人が亡くなったのは夫の死から二十五年後の昭和四十九年、七十八歳のときである。

漢口からの手紙は、銻夫人の死後、仏壇の中から見つかったものだ。四百字詰め原稿用紙に換算すると数百枚に及ぶ膨大な量の恋文を、戦争期をはさんで五十年以上、銻は大切に保管していた。

平民宰相と不貞の妻

日本初の本格的政党内閣を実現した平民宰相・原敬にも、出張先の京城から妻に宛てた手紙が残っている。

返〳〵《かえすがえす》折角《せっかく》御身御大事に存候兼而申候通《かねてもうしそうろうとおり》養生怠りなき様相願度《あいねがいたく》かしこ（中略）申送度山々に候得共《そうらえども》後便と致し惜敷《おしく》筆止め申候　かしこ

十月十二日　朝鮮京城にて　敬

恋しき　貞子様

身体を大事にし、かねてからいっている通り、養生を怠らないようにしなさいと書いている。書きたいことはたくさんあるが、また次の便とし、惜しいけれども筆を置く、と。最後の〈恋しき貞子様〉との呼びかけは、安政生まれの原の、精いっぱいの愛情表現であろう。

原の妻・貞子は明治二年生まれ。原より十三歳年下である。結婚したときには、まだ跡見女学校に在学中の十四歳だった。

貞子の父・中井弘は薩摩出身で、明治維新の際には西郷隆盛や大久保利通らとともに活躍した。工部省大書記官、滋賀県知事、京都府知事を歴任した人物で、原を将来有望と見込んで娘を嫁がせた。十四歳での結婚は、この時代の上流の娘にはめずらしくなかったとはいえ、幼な妻であることにかわりはない。

原は貞子を大切にしていた。『原敬日記』には、病気がちな妻の体調が細かく記され、また、単身赴任したパリで彼女の到着を待ちわびる記述も見える。ここに引いた手紙からも、貞子の健康を心から案じていることが伝わってくる。

自分亡き後の妻のことを考え、原は当時まだ入る人の少なかった生命保険にも加入している。自分は元来保険の必要は認めないが、妻の生活を少しでも助けるために契約したという意味の記述が日記にある。

しかし、貞子にとって原との結婚生活が幸福なものだったかどうかは疑問である。明治十六年十二月四日に結婚したふたりは、翌日、原が領事として赴任する天津に向かった。新婚旅行を兼ねた旅だが、真冬の中国大陸を馬車でゆく行程は過酷だった。原はこの旅の様子を、紀行文『天津紀行』にくわしく記している。

……満原曠として草木の寒風を遮るなし。故に寒威殊に甚し。道路凸凹、車覆らんとするもの幾回なるを知らず。二三の僻邑を過ぎて、午後三時胡家に至り午食す。……道路午前に同じ。車動揺甚しく、妻嘔吐す。

（明治十六年十二月三十一日）

寒風吹きすさぶ曠野をゆく馬車。道路は、車輪が何度も覆りそうになるほどのでこぼこ道である。その激しい揺れに、貞子は嘔吐した。この日は大晦日である。

年が明けて一月。旅はつづく。

……遂に庄店に至り宿せんとす極めて寒駅なり。室の入るべきなし。漸くにして一室を得、先に投宿せしもの（人夫なり）を逐ふて入る。悉く土間なり。泥寝台だもなし（旅店の寝台多くは泥なり）加ふるに先に宿せしもの数人皆不潔を重ぬ。故を以て臭気尤も甚し。乃ち火を焚て暖を取る。（炭なし、薪一斤価十銭と云ふ）烟煙室に満ちて殆んど呼吸するを得ざらしむ。予妻と幸に藁を得て畳に代へ、之に席して寝に就く……

（明治十七年一月八日）

ふたりが泊まった宿の描写である。

先客である人夫を追い出して粗末な土間の部屋を得たものの、宿泊者はみな不潔で、部屋はひどく臭い。暖炉に炭はなく、薪を焚けば部屋中に煙が充満して息ができないほどだ。そんな中、ふたりは畳の代りに藁を敷いて寝るしかなかった。

東京で生まれ育ち、両親の庇護のもとで何不自由なく暮らしていたわずか十四歳の少女が、いきなりこんな旅をさせられたのである。その恐怖と不安はいかばかりだったろう。

やっとたどりついた天津では、隙間風が吹き込み、火を焚いても暖まらない粗末な宿舎での暮らしが待っていた。原は李鴻章との会談や天津条約の締結準備などで多忙をきわめ、慣れない外国で心細い生活を強いられた貞子は、病を得て床に伏すようになる。父が見込んだ通り、原は順調に出世をはたすが、貞子の心は満たされなかった。原がフランス公使館に勤務していたころの夫妻の写真がある。貞子は豪奢なドレスを身にまとっているが、その表情には生気がなく、どこかうつろである。

明治二十九年、結婚十三年目にしてふたりは別居。理由は、貞子の素行に問題があったためとされる。貞子はいったいどんな不品行をしでかしたのか。

ここに興味深い文書がある。明治三十二年、貞子が詫びを入れて原家に戻る際、原がしたためた「別居後再度同居する妻への訓戒」である。

全部で二十一項目あるが、その中からいくつかを引いてみる。

一　母に対しては能《よ》く教訓を守り苟《いやし》くも粗略の挙動をなさず孝養第一となすへき事

一　掃除炊事等惣《すべ》て家事向に就いて僕婢の手を待たず率先して何事もなすへき事

一　化粧及ひ身の廻りは質素を旨とし苟も虚飾に類する如きことあるへからさる事
　　随《したがい》て身仕舞沐浴等に数時間を費やすか如きことは勿論禁制たるへき事

一　衣服家具其他の物品にても惣て不必要のものを買入るゝ如きことあるへからさる事

一　貞節を専要に心掛くる事随て夜中妄《みだ》りに外出し又は来訪の男子を妄りに引留る如き其他《そのほか》惣て何事に就ても人の嫌猜を招くへき挙動あるへからさる事

今後はこれをやってはいけない、という項目を列挙したこの訓戒から、それまで貞子がどんな妻だったのかがわかる。

すなわち、姑を粗略に扱い、家事をおろそかにし、化粧や入浴に数時間をかけ、衣服や家具を買いまくる。そしておそらく、原をもっとも悩ませたのは、〈夜中妄りに外出し又は来訪の男子を妄りに引留る〉という、貞節を疑われるような挙動であったろう。

当時の原は外務次官を退官し、大阪毎日新聞の社長をつとめていた。その妻としてあるまじき奔放な生活を貞子は送っていたようだ。この訓戒を守ると誓って原家に戻った貞子だったが、六年後「不貞の子」を宿し、離縁される。おそらく十四歳で嫁いできて以来、いくら大切にされても、原を心から愛したことはなかったのではないか。

原はまもなく再婚するが、その後も貞子と子供の生活を援助している。貞子は子供の父親と結婚することはなかったようだ。

貞子が五十歳で病気のため急逝すると、原は永代供養の手配までして丁寧に葬っている。あれほどまでに心を傾けた妻に裏切られたのだから、可愛さあまって憎さ百倍、となりそうなものだが、最後の最後まで面倒を見たのである。

幼いまま嫁いできた妻を不憫に思う気持があったのか、それとも怒りをぐっとこらえ、最後まで庇護者として振る舞おうと自分を律したのか。どちらにしても、なかなかの大人物といえる。

共産党のドンと女流作家

ところで、夫婦が離れ離れで暮らさなければならないのは、何も夫が海外にいるときだけとは限らない。ここに、十二年間ともに暮らせぬまま、手紙のやりとりで絆を保ち続けた夫婦がいる。宮本顕治・百合子夫妻。いうまでもなく、夫が獄中にあったためだ。

ふたりは昭和七年に結婚したが、二か月後、顕治が治安維持法で検挙される。このときはまもなく釈放されたが、以後顕治は地下活動に入る。翌年、ふたたび検挙。以後、治安維持法が撤廃される昭和二十年まで獄中に暮らした。その間にふたりが書いた手紙は、顕治約四百通、百合子約千通にのぼる。

どうかこれから出血でもあったり、何か変ったことがあったらきっと電報を下さい。きっと。私が右往左往的心痛をするだろうという風な御心配は本当に無用です。私は逆から云えばあなたに安心されている証左としてもそのようにして頂く権利があると思うの。よほど前、咲枝に下すったお手紙で、ユリの体についても何についても最も悪い場合のことでも事実を知らすようにと仰言っていたでしょう？　あの心持。分って下さるでしょう？　劬《いた》わられ、知らされない。それは有難く、うれしい。でもくちおしいというようなことがないとどうして云えましょう。(中略) 私はあんまり我まゝな女房ではないでしょう？　だからその承認として、こういう指きりをして下さい。もしお願いがわがままだったらそれでもかまわない、やっぱり私は私の心にあるこれほどの愛情が当然に必要とする具体性としてこのゲンマンの指を出します。ではこのこと、きっと。

昭和十二年十一月一日、百合子から巣鴨拘置所内の顕治へ宛てた手紙である。過酷な獄中生活はすでに三年に及んでいた。顕治はたびたび体調を崩し、重篤な状態になることもあったが、百合子に心配をかけまいと、ほぼ治癒してから知らせるのが常だった。百合子はそのことに抗議しているのだ。この手紙が書かれたとき、百合子三十八歳、顕治は二十九歳だった。

百合子の父は東京帝国大学を卒業した文部省の建築技手で、イギリス留学経験もあるインテリである。百合子は東京女子高等師範学校付属高等女学校を卒業して日本女子大学に進んだが、一年たたずに退学し、父についてニューヨークに渡る。早熟な百合子は早くから文学の才能を開花させ、十七歳のとき『貧しき人々の群』を書いて天才少女作家として注目されていた。

ニューヨークで言語学者の荒木茂と知り合い結婚するが、五年足らずで離婚。その後『伸子』を書いて作家としての地位を確立する。早くから社会問題に目覚めていた百合子は、日本プロレタリア作家同盟に加わり、昭和六年には日本共産党に入党した。

宮本顕治は、百合子とは対照的に、山口県熊毛郡の貧しい兼業農家に生まれた。学業優秀で、松山高校から東京帝大の経済学部に進み、「『敗北』の文学」で雑誌『改造』

の懸賞文芸評論の第一席に選ばれる。やはり日本共産党に入党し、日本プロレタリア作家同盟にも加わっている。

新進評論家として文壇に登場した顕治の才能に百合子は惹かれ、まもなくふたりは愛し合うようになる。結婚したのは百合子三十三歳、顕治二十三歳のときだった。

しかし前述したように、実質的な結婚生活は二か月足らずで、その後の約十二年間を離ればなれで過ごす。ごくたまに許された面会のほかは、互いをつなぐものは手紙だけ。その手紙も、検閲のためしばしば相手に届かないことがあった。

百合子も決して丈夫なたちではなく、心臓をわずらうなど、何度か病気をしている。治安維持法違反で勾留されたこともあり、顕治にも百合子の健康を気遣う手紙が数多くある。


さて始めに返って、ユリのからだの方はどうだろう。病院の養生を正しくやって、元気で暮せるように。無理な激動もよくないが、さりとてあまりちぢこまり過ぎるのもよくない。病後の生活法を誤って、生活力をスポイルした例——を殊に後の例を僕は大分見ている。大気の中で陽に面を向けて堂々と暮すのは、結局時間の永い経過が示すことだが、立派な健康な生活の仕方だ。ユリのことだから、養生の点も無論大丈夫とは思うが、梅雨も来る時節柄、老婆心までに。（中略）
では丈夫で生活しなさい。僕は病気に対してもベストを尽しているから決して心配しないで。
（昭和十一年六月六日付）

さて、小説の工合、健康の模様等どうかね。このごろ長篇は何枚位進んだかね。僕は外の日光を眺めながら、ユリが愉快だったり、力んだりしている生活振りを浮べてよく微笑する。（中略）では元気で。よく喰べ、よく学び。
（昭和十二年十一月二日付）

十歳年上の百合子に対して、まるで父か兄のように語りかけている。すべての手紙の中で顕治は、一貫して妻を励まし、仕事や生活について助言し、自分は元気だから安心するようにと書いている。
直接的に男女の愛情を示す言葉はないが、〝百合花採集の旅〟と称して、万葉集の中から百合の花の歌を探し、ときおり手紙に記している。百合子の名にちなんでのことだ。そのうちのいくつかを引く。

筑波嶺《ね》のさ百合の花のゆ床にも愛《かな》しけ妹ぞ昼もかなしけ
道の辺の草深百合の花咲《ゑみ》に咲まししからに妻と云ふべしや
燈火《ともしび》の光に見ゆるさ百合花後《ゆり》も逢はむと思ひ初めてき

どれも可憐な恋の歌である。

獄中からの手紙は、かならず検閲官の目にふれ、ふたりだけのやりとりではない。顕治は万葉の素朴な恋歌に、妻への思いを託したのだろう。戦後、絶大な力をふるいつづけた共産党のドンの、別の顔が見えてくるようだ。

百合子は昭和二十六年、風邪をこじらせたことから敗血症で死去。五十一歳だった。顕治が亡くなったのは平成十九年、九十八歳のときである。

貧しき劇団俳優とその妻

もうひとつ、獄中の夫への妻からの便りを紹介しよう。

平成十二年に亡くなった俳優で、劇団民藝の創立者の一人でもある滝沢修は、俳優修業を始めたころからリアリズム演劇を目指し、やがてプロレタリア運動に参加する。昭和十五年、三十三歳のとき、劇団の仲間らとともに治安維持法違反で検挙、投獄される。このときすでに妻子があった。

この手紙は、二人の子供を連れての面会がかなった日、妻の文子によって書かれたものだ。


今日は思いがけず荘一まで対面しましたね。なにしろ四月以来だったので荘一とてもうれしく、悲しくもあり、安心もした様子でした。荘一があれから外に出て、「ナンダ、オ父チャン、コンナトコロニイタノ」というので、私が、いつも御旅行しているんだけど、今日はあそこのオジチャンに御用があってちょっと帰ってきただけで、またすぐ御用がすまないから御旅行に行くのよ。そいですっかり御用がすむと、あそこのオジチャンがもう御家に帰ってもいいとおっしゃるから、そしたら荘ちゃんところに帰って来るのよ、と説明しました。あなたが無事で、昔通りの姿で生きていたというこの一事が、とても荘一を安心させた様子でした。もうお父ちゃんはきっと荘ちゃんたちを忘れちゃったのよ、とか、お家に帰る道がわからないんじゃない、というような漠然とした荘一の不安が、あそこで貴方を見、あなたの笑顔を見、抱かれたことで消えた様子でした。(中略)夕食のとき荘一がはずかしそうに、それでもニコニコしながらこんなことを告白しました。

「荘ちゃんはね、ほんとうは今日お父ちゃんに会ったとき、あんまり長いあいだ会わなかったんで、はじめのうちはちょっとはずかしくて、そいからお父ちゃんに抱っこしたら泣きたくなっちゃったんだよ。もうすこしで泣いちゃいそうだった」と言いましたので、私も涙ぐんでしまいました。今日の思いがけない父子対面で、私も終日なんだか悲しいような、うれしいような、なんべんでも涙ぐみました。でもね、あなたと荘一の様子を見て、なんだかもう遠くへ遠くへ手のとどかないほど遠くへ、もうつかまえることすらできないと思われていたような幸福が、こんなに近くにある、万事うまく運べば決してそんなに遠くへ幸福が行ってしまったんではない、こんなに近くにあるという思いが強く強くしました。私もあのときには、なんだか泣きたくなってしまいました。ああ、もうこれが万事終りだったら、あの場であのまま四人一しょに死んでしまってもいい、とさえ思いました。あなたもいまごろは、きっと今日の対面を何べんも何べんも胸に浮べていることでしょう。ああして親子四人そろえる日のために、辛抱強く、忍耐して待ちましょうね。身体にくれぐれも気をつけて下さい。あなたは私たち親子三人にとって、ほんとうにほんとうに、大切な、かけがえのない人なのですから、なにとぞ元気でいて下さい。今日は一日なんだか夢のような一日でした。

留守を守る若い妻の緊張と不安、そして決意が伝わってくる。文子は外交官の娘で、貧しい役者との結婚に反対され、勘当同然で滝沢のもとに嫁いできた。夫とは同じ作家であり同志でもあった宮本百合子とはまた違った、ひたすら家庭を守り夫の帰りを待つ妻の姿である。

滝沢修は戦後、日本を代表する舞台俳優となった。もっとも苦しい時代に彼を支えた妻は、昭和二十八年、四十三歳でがんのためこの世を去る。

滝沢は八十代まで舞台に立ちつづけ、九十三歳で死去。『セールスマンの死』『炎の人』などの名演技を残した。

賢夫人へ、元総理のワンフレーズ

旅先、獄中、そしてもうひとつ、夫婦間で愛の手紙がやりとりされる状況がある。どちらかが病に倒れ、明日をも知れない状態になったときである。病は、夫婦の愛情をあらためて確認するきっかけともなる。病床からの恋文をいくつか引いてみる。

最初は、平成十八年七月に亡くなった橋本龍太郎元首相である。

　　モチロン　アイシテル！

ちょっとゆがんだ、跳ねるような文字で、大きくそれだけが書かれている。

平成十四年二月二十六日夜、橋本は自宅で心臓発作を起こした。運ばれた病院で応急処置を受け、症状が落ちついた二十八日。夫人は酸素マスクやチューブのため喋ることのできない橋本に紙とペンを渡し「何か言いたいことある？」と訊いた。そのとき橋本が書いたのがこの言葉だった。

「〝愛している〟という言葉は、あの人にとっては〝こんにちは〟みたいなものなんです。しょっちゅう言っていましたから」と久美子夫人。ではぜひ若い頃の甘いラブレターもとお願いし、結婚二年目の頃の手紙を見せてもらった。

元気ですか。私は元気です。とても良い子ですよ。毎日久美の夢を見つつネンネしています。とてもとてもママを愛しています。とてもとても愛しているママに後数日で逢いに行きます。とてもとても愛しているママに沢山のキスとペタを送ります。

昭和四十三年の夏休み、先に軽井沢へ行っていた夫人のもとに、東京から届いた手紙である。

「こんな手紙を発表してしまっていいのかしら。龍が生きていたら怒られてしまうわね」と夫人。若い頃の手紙は、子供たちの目にふれないよう、たびたび場所を変えて隠していたという。

「今回、お見せするために探して、子供たちにもばれちゃった。実はもっとすごいのが沢山あるんですよ。みんな大笑いで、もう、恥ずかしかったわあ」

大らかに夫人は笑う。この明るさが、苦境のときも橋本を支えたことは、よく知られている。

〈モチロン　アイシテル！〉の手紙の後、三月一日に、橋本は心臓僧帽弁の手術を受ける。手術室に入る直前、やはり筆談で、彼はこう書いた。

　ママのおかげで間にあった。感謝々々！

　自宅で倒れたとき、久美子夫人の判断が的確だったため一命をとりとめ、手術にこぎつけることができた。そのことへの礼を述べたのだ。手術は成功したが、四年後の平成十八年七月、六十八歳で急逝した。

　長男の橋本龍氏は、「僕が子供の頃は、父は東京、母は選挙区の岡山と、別々に暮らしていました。父が母によく手紙を書いたのは、そういう事情もあったかも知れません」と話す。

　夫人は、選挙区に戻れない夫のかわりに演説もこなした。連発したという「愛している」の言葉には、そんな妻への感謝と励ましの意味もこもっていたのかもしれない。

アニメーターが書いた百通の手紙

もう一通、病床で書かれた、ごく短いラブレターがある。ノートの端に、ふるえる線で記された〈きれいだ〉の四文字。平成十九年七月、脳梗塞のため六十六歳で亡くなったアニメーター・鈴木康彦が書いたものである。

鈴木はＮＨＫ『みんなのうた』をはじめ、『火垂るの墓』『となりのトトロ』や『魔女の宅急便』などのジブリ作品を手がけ、アニメファンにはよく知られた存在だった。東映動画（現・東映アニメーション）出身で、日本のアニメの草創期から活躍してきた人だ。

亡くなるひと月ほど前、いつものように幸子夫人が病室に入ると、ベッドから夫が合図をする。何か用を頼まれるのかと思い傍らへ行くと、〈きれいだ〉と書かれた紙が置いてあった。このころ右手は曲がり、左手もほとんど使えなくなっていた。

「いつも〝お母さんはきれい〟と言ってくれていましたが、不自由な手で書いてくれたんだと思うと、本当にうれしかった」

二人は高校の同級生だった。卒業の三年後、働きながら画家を目指していた鈴木は、突然幸子さんを訪ね、交際を申し込む。「絵で生活できるメドが立ったら結婚してください」という彼に、幸子さんは「交際している間に百通、手紙をください。百通もらったところで結婚を考えます」と答えた。

「翌日から手紙が届くようになりました。でも私、主人を試したわけではないんですよ。半分は冗談で、半分は、この人をもっと知りたいと思ったから」

最初は「届いたな」程度に思っていたが、次第に心待ちにするようになっていく。手紙にはいつも、仕事に対する情熱や夢が綴られていた。三年ほどたったとき、「そろそろ百通を越えたんじゃないか」と言われて数えたら、とうに越えていたという。

「私、不自由な手で書いてくれたあの言葉を、夫からの最後のラブレターだと思っているんです」（幸子夫人）

交際当時、三回に一回は夫人も返事を書いていた。それらは葬儀のとき、他の人にはわからないよう、そっと夫の棺に入れられた。

がん闘病の妻から夫の誕生日に

配偶者を看取るのが、いつも妻であるとは限らない。病床からの手紙の最後に紹介するのは、ジャーナリストの田原総一朗氏が、乳がんをわずらって闘病中の妻・節子さんから、六十五歳の誕生日に受け取った手紙。

お誕生日です。六十五歳ってご本人にとって結構待ちに待ったっていう年じゃなかったでしょうか？　やることとやってまだ十分余力ありと自覚して、あとはさらに好きなことを自分のためにだけ好きにすればよい……ほんとうは、そういう年ですよね。それなのにそれを応援するはずの私が、とんでもないことになって、なんと総一朗に介護してもらっている……。

お風呂に入る、背中を洗ってもらう、脚を片方づつ、石けんつけて、流して拭いて、今度は首だ、脇の下だ、それが終ったら大きなタオルで拭いて、小さなタオルに持ちかえて細かいところを拭く、そしてほうたいの腹巻、コルセット、パンティ、靴下etc.

すっかり順番も覚えてくれたし、びっくりする位タイミングよくほうたいもまく。これで終りじゃない、昨日は洗髪をしてくれました。(中略)もうなんべ（ん）もいいましたが、総一朗が節子を介護するなんて……考えてもいなかった、ほんとうに。強運、楽天的、丈夫、なんてたってわたしは後二年といわれたら四年、三年といわれたら六年、六年ならまあ十年位はがんばれるよ。まだ時々泣き言をいうかも知れないけれど、軌道修正をして下さい。

この手紙にあるように、田原氏は多忙な仕事をこなしながら、病状が進んでいく節子夫人をこまやかに介護した。体を洗い、タオルで拭き、下着まで着せていたのである。
「節子の病気のために、わたしたちの結びつきはなおのこと深まったのである」と、田原氏は後に手記のなかで述べている。

田原氏は以前から、番組の放送が終わると一番に節子夫人に電話をかけて感想を聞き、原稿が書けるとただちに生原稿を読んでもらっていた。仕事の相談や愚痴の相手も、すべて夫人。それは、がんが転移して歩けなくなってからも変わらなかった。

六年の闘病の末に夫人が亡くなったとき、田原氏は立ち会うことができなかった。夫人の容態が悪化し、以前から決まっていた北朝鮮での取材をキャンセルしようとすると、夫人は、行くように強く促したのだという。

第五章

「幼な日よりわが夢かなふ」

——皇室の相聞歌

昭和天皇と香淳皇后

万葉の時代から、日本人が恋心を伝え合う手段は歌だった。今でいうラブレターの代りに、歌のやりとりをしたのである。その伝統を今も守っているのが皇室だ。

皇太子の結婚の前日に行われる「贈書の儀」。互いへの思いを詠んだ歌を、百首ずつ取り交わす。つまり、ラブレターの交換である。残念ながらこれらの歌が一般に公開されることはない。しかし、折々に発表される皇族の方たちの歌の中にも、実は恋の歌はある。

天皇皇后両陛下はじめ、皇族方のプライベートな気持ちに触れることのできる機会はなかなかないが、歌の中ではのびのびと思いを表現されていることがある。天皇家の人びとは、夫や妻に対する愛情をどのようにうたっているかを見てみよう。

昭和天皇・香淳皇后夫妻は、仲むつまじいことで有名だった。

老境に達したおふたりが手をつないで歩く姿は今も印象深く国民の記憶に残っている

が、戦前は国民の目に触れなかっただけで、これは結婚当初からのことだった。新居だった赤坂離宮の庭を、よく手をつなぎ合って歩かれたという。

昭和天皇は皇太子時代の十八歳のときに、久邇宮家の長女、良子《ながこ》女王と婚約した。当時、良子女王は十六歳である。その後、久邇宮家の家系に色覚異常の遺伝の疑いがあるとして、一時、婚約解消の話も出た。政治的思惑もからんで大きな騒ぎになった、いわゆる〝宮中某重大事件〟である。

このとき昭和天皇は「(妃には)良子がよい」と、婚約解消を拒んでいる。周囲の決めた相手ではあるが、天皇はおおらかで美しい良子女王を気に入っており、婚約時代は写真を部屋に飾っていたという。

結婚後、四人続けて内親王を産んだ皇后に「女腹」との風評が立ち、側室制度の復活を求める動きがあったとき、昭和天皇は断固としてこれを拒んだことも知られている。

天皇は昭和六十二年、がんの手術を受けられたが、麻酔から覚めての第一声は「良宮(皇后)はどうしているか」というものだった。激動の時代を、文字通り手をたずさえて歩んできたおふたりである。

昭和天皇は、生涯一万首近い歌を詠んだといい、そのうち八百六十五首が御製集『おほうなばら』に収録されている。

なつかしき猪苗代湖を眺めつつ若き日を思ふ秋のまひるに　（昭和三十六年）

詞書《ことばがき》に「福島県視察・翁島の宿にて」とある。大正十三年一月に結婚したおふたりは、その夏、猪苗代湖の湖畔にある翁島別邸（天鏡閣）に約一か月滞在された。そのときのことを思い起こしているのである。いわば新婚旅行であったこの旅の思い出を詠んだ歌は、ほかにもある。

松苗を天鏡台にうゑをへていなはしろ湖をなつかしみ見つ　（磐梯）

昭和四十五年、植樹祭のため、猪苗代湖を望む福島県の天鏡台を訪れたときの歌である。

さきの歌と同じく、ここでもなつかしいという表現が使われている。昭和天皇の御製には、直接的な愛情の表現はないが、この言葉に深い思いがこめられている。

そして昭和五十九年、天皇夫妻は、新婚の宿を六十年ぶりに訪れる。天皇八十三歳、皇后八十一歳のときである。

むそぢ前に泊りし館の思出もほとほときえぬ秋の日さびし　（天鏡閣）

田所泉の『昭和天皇の和歌』によれば、〈思出もほとほときえぬ〉とは、昭和天皇の記憶ではなく、皇后の心の状態をさすという。このころすでに、皇后は老化の症状が進み、公式の場に出なくなっていた。昔の思い出をともに語り合えないことのさびしさを、天皇はうたったのである。

老境にさしかかり記憶がおぼつかなくなる前は、皇后も、この新婚の旅を折に触れなつかしく想い出したに違いない。そう思って香淳皇后の歌を見ていくと、次のような連作があった。「湖三首」と題された、昭和四十四年の歌である。

馬にめしていでます君を見おくりて舟走らしぬみづうみの上
みづうみのむかひの岸に舟はせてみ馬すがたの君をむかへぬ

スカールをこぎし昔の思ひ出のわすれがたしも猪苗代湖に

一、二首目には馬上の天皇の姿がうたわれている。湖沿いの道を馬でゆく天皇を見送った後、皇后はそこから向こう岸に船を走らせ、先回りして天皇を待っていたのだろう。新婚カップルの楽しげな様子が目に浮かぶようだ。三首目はボート遊びの様子である。

天皇は昭和五十九年の記者会見の際、猪苗代湖で過ごした夏について、「自分で馬車を御して、それに皇后を乗せたり、モーターボートの『浦安号』で湖水を一周したり、ゴルフやテニスに興じたりして楽しく暮しました」と語っている。この新婚の旅から二年半後に大正天皇が崩御、昭和天皇は二十五歳の若さで即位した。

激動の昭和は長かった。その中で昭和天皇はさまざまな顔を持ったが、人間としての天皇を語るとき、欠くことのできない存在が皇后であった。おふたりの愛情は、歌のかたちをとって、たしかに歴史に刻まれているのである。

大正天皇と貞明皇后

少し時代をさかのぼってみよう。

大正天皇は、実に率直に愛情を表現した歌を残している。皇太子時代、結婚を前に、婚約者の九條節子（のちの貞明皇后）に贈った相聞歌である。

今こゝに君もありなばともぐ\に拾はむものを松の下つゆ

詞書に「その松露を節子に贈るとて」とある。松の下つゆ＝松露とは、松林に生える茸の一種である。沼津のご用邸の松林に生えた松露を、婚約中の節子に贈ったときに添えた歌であるらしい。

今ここにあなたがいて、いっしょに松露拾いができたらどんなにいいだろう、という思いを詠っていて、離れているさびしさともうすぐ一緒になれる喜びが伝わってくる。何をするにつけても相手のことを思い出すという状態は恋する者に共通であり、それを記すのは、ラブレターのまさに王道である。漢詩の才能に優れていた大正天皇は、和歌においても鋭敏な感覚と豊かなしらべが高く評価されているが、若い日のこの歌は、ほほえましくなるような素直な恋の歌である。

貞明皇后の場合は、若くして崩御した大正天皇をしのぶ歌が数多くある。

九重のむろに時じくさきほこる花のにしきも君は見まさず

昭和四年の作。〈九重のむろ〉とは御所の温室のことで、〈時じく〉とは、その時ではないのに、という意味である。御所の温室に時ならず美しく咲きほこる花。それを大正天皇が見られないことを悲しんでいる。

大正天皇が病弱だったため、貞明皇后は、さまざまな場面で強く賢くあらねばならなかった。大正末期には天皇に代わって宮中を仕切り、年若くして摂政となった皇太子を支え、政界との調整役も務めた。そんな〝強い皇后〟のさびしさと、夫への追慕の思いが歌ににじんでいる。

明治天皇と昭憲皇太后

明治天皇は、生涯十万首の歌を詠んだといわれ、うち約九千首が『明治天皇御集』として公開されている。歌人の岡野弘彦氏によれば、恋の歌も相当数あったはずだが、御集の編纂の際、「恋の歌などは天皇にふさわしくない」として、わずか十首しか採られなかったという。そのうちの二首。

言の葉にこころの底をもらしかねしのびてつらき思ひなりけり
恋しさに後の世までと契りける人のこころよたがはずもがな

岡野氏によれば、これらは特定の人に捧げられたのではなく、宮廷内の歌会で「恋」の題が出されたときに詠まれた歌だという。しかし、謹厳なイメージの明治天皇に、こんなに切なく美しい恋歌があったとは意外である。

一方、后である昭憲皇太后には、天皇の身を思い、無事を願う歌が多くある。

御車をまつま久しき夕やみにむねとゞろかす雨の音かな
時ならぬ雪ときくにもたれこめてましますます君をおもひやるかな

一首目は、明治天皇の行幸の際、その身を案じつつ帰りを待つ気持をうたったもの。二首目は、風邪で伏せっている天皇を心配する歌である。

明治十一年に天皇が北陸・東海地方を巡幸した際には、〈大宮のうちにありてもあつき日をいかなる山か君はこゆらむ〉と詠んでいる。真夏の暑さの中を旅する夫を思いやる歌である。

今上天皇と美智子皇后

今上天皇と美智子皇后のご成婚は、画期的な出来事だった。平民出身の妃、そして「テニスコートの恋」。婚約に際して美智子さまが語ったという「今度のことは大変大きな出来事には違いありませんが、普通の結婚と根本では少しも変わりありません」という言葉に象徴されるように、愛情と意志にもとづいて、互いに伴侶を選び合った結婚だったことが、広く国民の支持を得た。

そして、輝くように美しい妃が巻き起こした〝ミッチー・ブーム〟――まさに戦後を象徴するカップルである。

婚約時代におふたりが詠んだ歌は、第一章の冒頭で紹介した。ともに、未来への希望に満ちた、みずみずしい歌だ。

美智子皇后には、ほかにも天皇への思いを詠った歌が数多くある。中でも、おふたりが出会う前の、若き日の天皇に思いをはせる歌は、愛する人の人生をまるごと包み込もうとするかのような深い愛情にあふれている。

思ひゐがく小金井の里麦の穂揺れ少年の日の君立ち給ふ

昭和四十九年の歌である。小金井は、戦災にあった学習院中等科が移転した地で、昭和二十一年に中等科に進んだ皇太子は、その敷地内の仮寓所に暮らしていた。
平成三年には、天皇の誕生日によせて、次のように詠んでいる。

わたつみに船出をせむと宣《の》りましし君が十九の御夢《おんゆめ》思ふ

天皇が十九歳だった昭和二十八年、歌会始で詠んだ〈荒海のうなばらこえて船出せむ広く見まはらむとつくにのさま〉を受けての歌である。皇太子だった天皇はこの年、英国女王陛下戴冠式出席のため渡英し、続いて欧州諸国、米国へと旅をしている。
皇后をうたった天皇の御製では、平成十三年の歌会始での、

父母の愛《め》でまししし花思ひつつ我妹《わぎも》と那須の草原《くさはら》を行く

が印象的である。昭和天皇夫妻、今上天皇夫妻と、二代にわたる仲むつまじい姿が見えてくるようだ。

皇太子と雅子妃

皇太子と雅子妃は、ご成婚翌年の歌会始でさっそく、相聞歌といえるような歌を互いに詠んでいる。題は「波」だった。

我が妻と旅の宿より眺むればさざなみはたつ近江の湖に　（皇太子）

君と見る波しづかなる琵琶の湖さやけき月は水面《みのも》おし照る　（雅子妃）

結婚後まもなく公務で訪れた琵琶湖畔の景色をそろって詠んでいる。皇太子夫妻は、発表されている歌がまだ少ない割には、お互いを詠まれた歌が多くある。

ご成婚を控えた平成五年の歌会始での皇太子の歌。

大空に舞ひ立つ鶴の群眺む幼な日よりのわが夢かなふ

前年の十月、千葉県の新浜鴨場でプロポーズ、雅子さまからの返事は十二月十二日だったといわれる。おそらく皇太子は、自分の意思で決めた人と結ばれ、両親のような家庭を築きたいと、幼い日から思い続けてきたのではないだろうか。

雅子妃の歌には、平成十三年の歌会始での、

君とゆく那須の花野にあたらしき秋草の名を知りてうれしき

がある。この前年の歌会始は、流産後のため欠席されていた。皇太子の愛情に支えられて心身を癒していった様子がわかる歌だ。敬宮愛子内親王の誕生は、この年の十二月である。

天皇家の人々の恋歌をこうして並べてみると、思いがけないほど率直に愛情がうたわ

れていることがわかる。

　万葉の時代から皇室の人々は恋歌を詠み、それらは現代につたわっている。そしてここに紹介した五代にわたる天皇家の人々の歌もまた、のちの世につたわってゆく。まさに、歴史に残るラブレターである。

第六章

「こんな怖ろしい女、もういや、いやですか」

――女たちのドラマ

生活の細部をつづる向田邦子

天皇家の人々の恋歌を見ると、后や妃、つまり女性の方が数が多く、思いがより率直に表現されている。美しい相聞歌を詠むことは、古来、日本の女性のたしなみのひとつだった。前章までは男性の恋文を多く紹介してきたが、この章では女性が書いた恋文を見てみたい。

まずは、昭和五十六年、五十一歳の若さで飛行機事故で急逝した、直木賞作家の向田邦子。

向田は、映画雑誌の編集者をへて、三十代のはじめに放送作家として独立した。出世作となったTBSラジオ『森繁の重役読本』の台本を書きはじめたのは、昭和三十七年、三十三歳のときである。

次に引くのは、その翌年に書かれた手紙。当時の向田は『森繁の重役読本』のほか、同じTBSラジオの『ミッドナイト・ストリート』、NHK『ラジオ喫煙室』、坂本九がパーソナリティーを務めた文化放送『九ちゃんであんす』などを担当していた。テレビの単発シナリオも書きはじめ、多忙をきわめていた時期である。

手紙の宛先は、記録映画のカメラマンN氏。十三歳年上で、別居中の妻子があった。向田はこの男性と二十代の頃に交際するが、やがて別離している。

ファンにはよく知られているが、向田には二十代のころのポートレートが数多くある。素人のスナップ写真とは違う本格的なものだ。これらを撮影したのがN氏だった。

向田は実践女子専門学校を卒業後、教育映画を作る会社に就職する。社長秘書として一年間だけ勤めたこの会社で彼と知り合ったようだ。

別離から時を経て、向田はN氏が脳卒中で倒れたことを知る。足が不自由になって働けなくなり、不自由な暮らしをしていると聞いて、彼の家に通うようになる。しばらく会えないときには手紙を書いた。

原稿書きでカンヅメになっていたホテルから、速達で出した手紙――。

　きのうは陣中見舞有難うございました。
つまらなくて、ぼつ〳〵オヒスがおこりかけていたところだったので、とてもうれしかった。

ケーキはあのあと一ヶたべ、残り三つを大切にしまっておいたところ、妹がやってきて、「アラ、おいしそうね、お父さんとお母さんとあたしとちょうどよ」と吐《ぬ》かして、さっさと大きなバッグにしまわれてとんだところで親孝行となりました。

夜は、久しぶりで、デラックスでいこう、と安いルーム代の分も合せて、妹と二人でグリルでビール2本、シャリアピンステーキとグリル・サーモン、オードブル、という食事でゴキゲンになりました。（中略）

この部屋、お風呂のないのが玉に傷《ママ》ですが、コンディションはとてもよく、顔もあまりカサ〳〵にはなりません。特に机が具合いよく、とても仕事がはかどります。来年も月のうち十日はここで仕事をして、あとはあそんでくらしたい、とゆうべも胸算用をしていたところです。

おでんの調子はどんなでしょう。今のうちに、せい〴〵おでんずくり《ママ》を練習して、いよ〳〵食いつめたらおでんやでもしようかしら。でも私のは仕込みが高くて、まず倒産でしょうね。

妹のはなしだと、ロクベエ（注・飼い猫）の落タンぶりは見るも哀れだとかで、私がいないと、火の気のない私のコタツの上でないているそうで、母などホロリの一幕があったそうです。やっぱりアイツはいい奴だ。誰かさんみたいに、こなくても平気だよ、なんて、ひどいことはいわないもん。

いまミカンをひとつたべました。やはり空気が乾燥しているのか、ミカンがとてもおいしい。一日に、五つから七つはたべます。そのうちに美人になるでしょう。

そっちもせいぐ〳〵たべて下さい。

では、ぼつ〳〵はじめるかな。イヤダナ。

日曜日に、お刺身でビールをのむのをたのしみに。

お大事に。

邦子

（昭和三十八年十二月十三日消印）

実家で家族と暮らしていた向田は、仕事の合間に三日にあげずN氏を訪ね、夕食を作っていた。一緒に食べ、夜遅く帰って行く。当時のN氏の日記には「連日の徹夜続きのせいか　やつれがひどい」「邦子はコタツで横になって満足そう。ふっと可愛想にもなったりする」などとある。

向田が来た日、N氏は必ず、彼女が作った食事を日記に書きとめている。昭和三十八年十二月二十一日「さしみ、おしたし、肉とこんにゃく煮付、ウィンナ、椎茸、豆腐、わかめのみそ汁」、同十二月二十四日「さしみ、邦子製八宝菜、わかめの酢のもの、おでん」。ふたりで囲む食卓が、闘病中の彼にとって、もっとも幸福な時間だったことがうかがわれる。おそらく向田にとっても。

しかし、こうした生活の中、突然彼は死を選ぶ。

N氏とのことは、二十代のときもこのころも秘めた恋であり、家族は向田が彼のところへ通っていたことを知らなかった。しかしのちに妹の向田和子は、N氏の死について、もしかしたらあの日だったのかもしれない、と思い当たることがあった。

……真冬の真夜中、私はふっと目が覚めた。お手洗いに行こうかな、と薄ぼんやり思った。そのためには、隣の姉の部屋の前を通らないと行けない。少し開いた部屋の襖の細いすき間から、ほの暗い灯りが見える。（中略）
姉は整理簞笥の前にペタンと座り込んで、半分ほど引いた抽斗に手を突っ込んでいた。放心状態だった。見てはいけないものを見てしまった、と咄嗟に思った。「どうしたの？」と声もかけられない。「どうしたの？」と声をかけられるのは、相手にほんのわずかでも余裕やスキがあるときだ。なにか大変なことがあったのだ。ここまで憔悴しきった姉の姿を見るのは初めてだった。

（『向田邦子の恋文』より）

生前の向田は、自身の恋愛について一度も文章にしていない。ふたりの恋は誰にも知られることがなかったが、向田の事故死後、遺品の中から、ふたりが交わした手紙とN氏の日記が見つかった。N氏が亡くなった後、彼の母親が向田に届けていたらしい。それを彼女は、ずっと持ちつづけていたのだ。

N氏の自死は、昭和三十九年二月。この年の秋、向田は実家を出て、港区霞町のマンションで一人暮らしをはじめた。同じ年、初の本格的なテレビドラマシリーズ『七人の孫』を手がけ、高い評価を受ける。脚本家・向田邦子の誕生であった。以後、『だいこんの花』『寺内貫太郎一家』『阿修羅のごとく』『あ・うん』など、数多くの名作ドラマを生み出したことは周知のとおりである。

N氏はおそらく、向田が生涯でただひとり愛した男性だった。その彼に死なれたこの年、彼女はなにかを捨て、新しい道を歩きはじめたのだろう。五十一歳で亡くなるまで、向田は生涯独身をつらぬいた。

いかに生きるかを問う須賀敦子

向田邦子とならんで、亡くなった後も作品が読まれつづけ、その生き方が今も多くの人をひきつけている女性作家がいる。

平成十年に六十九歳で死去した須賀敦子。『ミラノ　霧の風景』『コルシア書店の仲間たち』などのエッセイで知られ、イタリア文学の翻訳家でもある。

実は向田と須賀は、昭和四年生まれの同い年。たどった生涯も作品も一見対照的だが、少女期を戦争の中に暮らし、戦後の自由な空気の中で、どんな仕事をし、どう生きるかを真剣に模索した女性であるという点で共通している。

須賀は聖心女子大学の第一期生で、慶応大学大学院を経て昭和二十八年、パリ大学に留学。のちにイタリア・ミラノに住み、カトリック左派の思想にもとづいて社会改革をめざす共同体「コルシア書店」で知り合ったジュゼッペ（通称ペッピーノ）・リッカと結婚する。

次に引くのは、知り合って四か月のペッピーノに、旅先のフィレンツェから書き送った手紙である。（原文はイタリア語、岡本太郎訳）

大切なペッピーノ、

どこから手紙をはじめたらいいのかしら。私がミラノにいるあいだにあなたがしてくれたあらゆることでもうすっかり胸がいっぱいです（そして私にとってあらゆる意味であなたがあなたでいてくれたことで）。（中略）

……あなたと一緒にいる時、ものごとはどこまでも単純になって、私はまるでずっと前から探していたことを見つけたような気がするのです。こんな言い方をしてごめんなさい。あなたは安らぎを与えてくれるのです、それとも、これは本当の安らぎではないのでしょうか？（中略）

……ペッピーノ、私にはなぜ、友人たちがいうように、自分の人生を決めつけなければならないのか、何者かにならなければならないのか、わかりません。私は小さく、誰でもない人間になりたい、たいしたことなく、大きなことをいわない人間に。それは私が望んでないからではないのかもしれません。私にはそれが、自分が生きるためのたった一つのあり方のように思えるのです。これ以上書き続けるにはすっかり遅くなってしまいました。もう一時半です。明日の朝、ルーピ神父と海に行きます。もうあなたと次に会える日を指折り数えはじめています。それでは、大切なペッピーノ、お母さんによろしく、くれぐれも、そしてアルドにも。お母さんに、私があなたの家でどんなにしあわせか伝えて。（中略）あなたに会えて私がどんなにしあわせか、あなたには本当にはわかってないのよ。あまり働きすぎないように、ゆっくりと休むようにして、お昼寝もするように！　どれもするように。

愛情をこめて、あなたの、あっこ

（昭和三十五年四月二十四日付）

向田邦子の手紙が、彼女が書いたドラマや小説と同じく、徹底して日常を話題にしているのに対し、須賀の手紙はどう生きるかを問いかける、求道的ともいえる内容である。須賀は十八歳のときに洗礼を受けたカトリックであり、修道院に入って奉仕活動をしたいと考えていた時期もある。知り合って間もない頃、ペッピーノに宛てた最初の手紙の中でも、信仰について真剣に語っている。

「私は小さく、誰でもない人間になりたい、たいしたことなく、大きなことをいわない人間に」という部分が印象的である。その後の人生を、須賀はまさに、この言葉のとおりに生きようとした。

これまで見てきた男性のラブレターの多くが、その人の一般的なイメージとは違う意外な顔をのぞかせているのに対し、女性のラブレターは、生き方、暮らし方がそのままあらわれた、いかにもその人らしい文面なのが面白い。

次に紹介する激烈なラブレターも、この人そのものがあらわれている。

覚悟していらつしやいまし——白蓮事件

九州の炭坑王とよばれた夫・伊藤伝右衛門に縁切り状をたたきつけ、年下の大学生、宮崎龍介のもとに走った美貌の歌人、柳原白蓮。まだ夫の家にいた彼女が、東京の宮崎に送った手紙である。

私の今日までの事は何もかも貴方に言つてしまつた。もう何もありはしない。人魚の如く刺された人がもしあるとすればそれはその人が悪いのです。貴方は私を裏切る事はしますまいね。こんどもしも貴方までが男といふものはこんなものだと憎むべきものを私に見せたら、私でもなく人魚の如くに古草履よりもた安くはふり出してしまふかもしれない。否それよりももつと恐ろしい事をやるかもしれない。私にもし悪魔的な所があればそれは皆男が教へたのです。又会つて話は山ほどあります。私は貴方を信じてゐますよ。わかりましたか。

やつぱり六月はゆきますまいね。山田さんもいやに待ち焦がれてゐる。他にも誰がゐるやら。何しろなぜか私にはなぜこんなに人の誘惑が強いのやら。人の情けと世の無情が悲しくつらい。どうぞ私を私の魂をしつかり抱いてて下さいよ。あなた決して他の女の唇には手もふれては下さるなよ。女の肉を思つては下さるなよ。あなたはしつかりと私の魂を抱いてて下さるのよ。きつとよ。少しの間もおろそかな考へを持つて下さるなよ。

まるで脅しのようなラブレターである。しかし白蓮のこの勝ち気と情熱に、文学青年だった宮崎はひきつけられたのだろう。手紙の最後はこう結ばれている。

……覚悟していらっしゃいまし。こんな怖ろしい女、もういや、いやですか。いやならいやと早く仰い。さあ何《ど》うです。お返事は？

柳原白蓮は、本名を燁子《あきこ》といい、明治十八年、柳原前光《さきみつ》伯爵の次女として生まれた。妾腹の子で、母親は元柳橋芸者である。父・前光の妹・愛子は大正天皇の生母で、白蓮は大正天皇のいとこにあたる。

十四歳で北小路資武に嫁ぎ、十五歳で男子を出産したが、十九歳のとき子供を置いて離婚、東洋英和女学校で学ぶ。伊藤伝右衛門と再婚したのは、二十六歳のときである。伝右衛門は二十五歳年上の五十一歳。伝右衛門の財産にひかれた柳原家と、名門華族と縁続きになる利点を考えた伝右衛門の思惑が一致しての政略結婚だった。

伝右衛門は屋根を銅で葺いた「あかがね御殿」とよばれる豪邸を白蓮のために建てた。当初はよい妻になろうとした白蓮だったが、伊藤の家は、以前から伝右衛門と関係のあった女中頭のサキという女性がすべてを仕切っており、白蓮は金で買われたお飾りにすぎない存在だった。

歌人としても知られ、その美貌と才能から「筑紫の女王」ともてはやされた白蓮の前にあらわれたのが、七歳年下の宮崎龍介だった。孫文を支援した志士・宮崎滔天を父にもつ龍介は、東大の仲間と『解放』という雑誌を出し、労働運動に打ち込んでいた。

ふたりが出会ったきっかけは、白蓮が『解放』に書いた戯曲の上演許可を得るため、龍介が九州までやってきたことだった。愛のない生活のはけ口を、虚構の恋歌をつくることに求めていた白蓮は、若い龍介にひかれていく。龍介もまた、憂いの奥に情熱を秘めた美貌の人妻に夢中になる。

紹介した手紙は、深い関係になってまもなく書かれたものと思われる。このとき白蓮は三十五歳。はげしい恋情をぶつけているが、どこか芝居がかっており、新派の台詞のようである。年下の恋人の恋の炎を燃え立たせる計算があったのかもしれない。

まもなく白蓮は龍介のもとへ奔《はし》る。直後、朝日新聞に伝右衛門への絶縁状を発表して、世間の度肝を抜いた。

自分は正妻でありながら、徹底してないがしろにされたと訴え、「愛無き結婚が生んだ不遇とこの不遇から受けた痛手のために私の生涯は所詮暗い帳《とばり》の中に終るものだと諦めた事もありました　然し幸にして私には一人の愛する人が与へられそして私はその愛によつて今復活しやうとしてゐるのであります」などと書きつらねている。

この出奔は「白蓮事件」として一大スキャンダルになった。伝右衛門は虚仮《こけ》にされたかたちになり、世間の好奇の目が集まった。しかし表立って白蓮を非難することはせず、姦通罪で訴えることもなかった。当初、同情は白蓮の側に集まったが、次第に、伝右衛門の、男としての器量を評価する声が高まったという。

白蓮には世間の非難が集中し、宮崎家と柳原家へ脅迫が相次ぐ事態となる。貴族院議員だった白蓮の兄・柳原義光は、龍介の子を宿した白蓮を軟禁し、尼になれと迫って無理矢理髪を切った。そのころ龍介は肺病をわずらい、床についていた。

龍介と引き離されたまま、白蓮は長男を産む。ふたりが正式に結婚できるまでには、出奔から四年の月日が必要だった。

やがて長女も生まれ、龍介は弁護士となった。ふたりは生涯むつまじく暮し、白蓮は昭和四十二年、八十一歳で、龍介に看取られて亡くなった。

白蓮が生きた時代の三十五歳は、もう女としての人生は終わったと考えられる年齢だった。その年ですべてを捨てて若い男性との愛に走り、それを全うした白蓮は、単に恋愛にあこがれていたわけではなく、生命を燃やして生きることを欲していたのだろう。

名門華族に生まれた美貌の娘は、家の思惑でどこにでも動かされる将棋の駒のような存在だった。自分の意志で、まったく新しい人生を生き直す契機として恋愛を必要としたのかもしれない。

そう考えて彼女のラブレターを読み直すと、「覚悟していらつしやいまし」「いやならいやと早く仰い。さあ何うです。お返事は？」と迫る激しい言葉は、自分自身に対して覚悟を問うたもののようにも思えてくる。

愛新覚羅慧生の「天城山心中」

もう一人、恋愛事件の主人公となった女性の手紙がある。

こちらは十九歳。旧満州国皇帝・愛新覚羅溥儀の弟である溥傑の長女、慧生《えいせい》である。学習院大学の二年生だった昭和三十二年十二月四日、慧生は同級生の大久保武道と、伊豆の天城山中で心中を遂げた。「天城山心中」として世間をさわがせた事件だ。

次に引く手紙は、心中の前月、昭和三十二年十一月十日に慧生が武道に書き送ったもの。デートから帰ってきた後にしたためたと思われる。

家に帰ってから、やはり少し熱が出てしまいました。

八度と少しでしたので、さっそく買っていただいたサイアジンを飲みました。やはり流感かもしれませんので、もしかしたら武道さまにも、おうつししてしまったかと心配しております。（中略）

どうぞくれぐれもご心配なさらないでね。私はいつまでも武道さまとごいっしょにおります。熱がでて武道さまのこと、うわごとに言うのが心配でございますが、でも眠って、武道さまの夢を見られたらいいなと思います。私って病気になると、とてもさびしがりやだなァと思います。こんなとき武道さまがそばにいてくださったらなァ。でも我慢いたします。あと二年すればごいっしょにいられますから。

武道さまの大きなあたたかいお手と、「エコどうした？」と言ってくださるお声が、無性に恋しい。

今日、昼間、屋上のベンチで過ごしたときのことを考えると涙が出てきます。今もあんなふうに武道さまに甘えたい。甘ちゃんで困りますけど。（中略）

どうぞ、将来のことをお思いになって、お見舞いにはいらっしゃらないでね。それからお手紙もね。

武道さまが思ってくださると思うだけでニャンコはしあわせです。ほんとうにしあわせ。世界中で一番しあわせです。

文中、〈あと二年すればごいっしょにいられますから〉とあるが、ふたりは卒業したら結婚しようと約束し、一緒に貯金をはじめていた。幸福そのもののこの手紙から一か月もたたない十二月四日、恋人たちは死を選んだのである。

「流転の王妃」の娘とバンカラ学生

慧生の母は、嵯峨侯爵家から溥傑に嫁ぎ、「流転の王妃」とよばれた浩《ひろ》である。昭和十一年の終わり、陸軍大将で、のちに侍従武官長として昭和天皇に仕えることになる本庄繁から、嵯峨家に縁談がもちこまれた。長女の浩が、日本の陸軍士官学校を出て千葉歩兵学校に在学中の愛新覚羅溥傑の妃に内定したというのである。溥傑の兄・溥儀は、昭和九年、関東軍によって満州国皇帝に即位させられていた。

日本と満州国の関係を深めるための政略結婚であり、断ることは許されなかった。が、はじめて会ったときから溥傑と浩は互いにひかれあい、昭和十二年の結婚後は、深く愛し合う夫婦となる。

十三年に、満州国の新京市（現在の長春市）で慧生が誕生。当時の日本では〝日満親善のシンボル〟として国をあげて祝福された。十五年には二女・嫮生《こせい》が生まれたが、その後、敗戦、満州国の崩壊、逃避行、そして文化大革命という歴史の変転の中、家族は離ればなれの生活を強いられることになる。

慧生は昭和十八年、五歳のとき学習院幼稚園に入園するため来日、横浜の嵯峨家に預けられた。昭和二十年、日本が敗北すると、溥儀と溥傑はソ連軍に連れ去られ、以来、消息不明となる。浩と嫮生が、筆舌につくしがたい苦労の末、日本に引き揚げてきたのは昭和二十二年一月になってからだった。母子三人は嵯峨家に身を寄せて暮らしはじめる。

溥傑は敗戦から五年間、ソ連の収容所で過ごし、その後中国に身柄を移されて撫順の戦犯管理所にいた。家族に無事が知らされたのは、昭和二十六年のことである。

慧生は父の祖国を知りたいと中国語を学び、当時の周恩来首相に、父を早く家族のもとへ帰してほしいと手紙を書く。この直訴が功を奏したのか、溥傑と家族との文通がゆるされ、釈放は遠くないと関係者は思うようになっていた。

母や妹とともに心待ちにしていた、家族全員で暮らせる日。それが近づきつつあったとき、慧生は心中という不可解な死を遂げたのである。

ふたりの遺体は、天城山中の百日紅の木の下に、ならんで横たわっていた。武道に腕枕をされた慧生の頭は、ピストルで撃ちぬかれていた。武道は慧生を撃った後、みずからのこめかみを撃ったものと思われる。ピストルは武道の父がかつて日華事変に応召した際、戦地から持ちかえり、八戸の自宅の物置にしまってあったものだった。

結婚を約束していたふたりが、なぜ心中しなければならなかったのか。

武道が暮した学生寮「新星学寮」の主宰者で、ふたりのよき理解者だった穂積五一に宛て、慧生は心中行の直前に手紙を投函している。そこには、武道が一身上の問題で悩み、死を決意していること、説得しようとしたが、彼の意見が正しく、世の中は多少ごまかしても楽しく過せばよいという自分の考え方は間違っているとわかったこと、彼のいない自分は考えられないので行動をともにすることが書かれていた。

決して強制されたのではないと慧生はこの手紙の中で述べているが、武道の強い意思にひきずられたことは確かであろう。

大久保武道は、青森県八戸市の素封家に生まれている。父の弥三郎は商店を経営するほか、多くの会社の役員をしていた。

「葉隠」を愛読し合気道に熱中する、いわゆるバンカラ学生だった武道は、戦前まで皇族や華族の子弟の学校だった学習院大学では異質の存在だった。学習院では初等部、中等部、高等部の生徒しかかぶらない制帽をただ一人かぶり、下駄をはいて登校するなど、かなり浮いていたようだ。

武道は入学直後から、聡明で快活、いつもクラスの中心にいる慧生に強烈な印象をうけ、恋愛感情を抱くようになる。慧生も、いままで自分のまわりにはいなかったタイプの武道にひかれていくが、周囲からは不釣り合いなカップルに見えていた。

穂積は、はじめて慧生を引き合わされたときのことを、事件後に出版されたふたりの書簡集『われ御身を愛す』に寄せた文章の中で、こう書いている。

三十一年春（或いは初秋頃か、情景はよく覚えている）、大久保君同道の慧生さんに初めて会った時、いがくり頭の、さして風采のあがらぬ、ややかたくなな感じを与える大久保君と、あまりにも違う、美しく聡明で、ものやわらかな慧生さん——帰りしな、からだ全体をつつむ後姿のさみしい雰囲気は今も忘れ得ない——とは、およそ対照的で、二人は恋愛には進まない、大久保君は失恋に終わると私に思わせた。

ふたりの仲はやがて真剣なものになるが、身分や家柄が何よりも重んじられる世界に慧生は生きていた。武道がはじめて自宅を訪れたとき、その身なりなどから、家族は「あの人いったい何?　ガス会社の集金人かと思った」と笑った。慧生は、自分に一方的に思いを寄せている田舎者だといってごまかした。

手紙の中で、将来のために見舞いには来ないでほしいといっているのは、家族に交際を知られたくなかったからである。引用した部分以外でも「お便りなどくださいませんよう」「くれぐれもお見舞いや、お便りはくださいませんように」とくりかえし頼んでいる。

こうした状況の中、武道は慧生と将来を語りあいながらも、ほんとうに結婚できるのか不安を抱いていた。加えて、性の悩みも深かった。武道は性を汚らわしいものとして忌避していた。父の女性関係の乱脈と、それに傷つく母を幼いときから見てきたからだ。

しかし、慧生への愛情が深まるにつれて、強い性の衝動を自覚せざるをえなくなる。自分の中にも父と同じ淫蕩な血が流れているのではないかと、武道は真剣に悩んでいた。

性の悩みを打ち明けられていた新星学寮の穂積は「世の大人には、すでに麻痺して、大したことではないと思われることが、純な若者には極めて真剣なことで、時には遂に死に進ませることがあり得ると思う」と書いている（『われ御身を愛す』）。

現代ならば考えられないような理由で武道は死を決意し、慧生はそれに従った。遺された者の悲嘆と絶望を思えば愚かというしかないが、二十歳と十九歳なりに真剣で、生命をかけた恋だった。

しかしまたこうも考えられる。武道は確かに純粋な青年で、それゆえに死に傾斜したのだろう。しかし根底には、慧生の出自や都会的な華やかさと引きくらべ、不器用な田舎者である自分へのコンプレックスがあったのではないか。

慧生は、ほかの男子学生と違って、武道が命令口調でものをいったり、欠点をずばりと指摘したりするところにひかれ、「武道様は身をもって自分の信念を通すことを教えてくださいました。たとえ貧しくとも、ほんとうに正しい信じたことはどこまでもやり抜くことが、ほんとうの生き方だということを、理論ではなく、ご自分の生涯をかけて私に教えてくださろうとしていらっしゃいます」（十一月二十八日付）と書いている。武道をひたすら尊敬し、武道が好んだ「精進」という言葉を自分も使うようになっていた。

武道は、慧生を教え導くというかたちをとってはいたが、じつは自分は彼女に不釣り合いだという思いがあり、いずれそのことが露わになって慧生の心が離れることを怖れたのではないか。

「世界中で一番しあわせ」と書いてまもなくの心中。甘く可愛らしいこのラブレターは、若い恋の残酷な形見となってしまった。

第七章　「来世も一緒に暮らしましょ」

――天国のあなたへ

稀代の漢文学者の挽歌

最後の章で取り上げるのは、亡き伴侶に宛てたラブレターである。

もう読んではもらえないと知りつつ、書かずにはいられない思い――老境にさしかかった年代の人々が、先に旅立った妻や夫に語りかける言葉には、その人の歩んできた人生そのものがにじみ出る。

平成十八年十月に九十六歳で亡くなった白川静は、平成三年、独自の漢字研究の成果によって菊池寛賞を受賞した。その際、こんな歌を詠んでいる。

菊池寛賞内定といふ電話あり　おまへどうすると妻に諮れる
一つぐらいあつてもと妻の言ふなへに我もその気になりにけるかも
賞といふもののほしきにあらざれど糟糠の妻に贈らんと思ふ

白川静の長女・津崎史さんの「父・白川静96歳　最期の日々」によれば、これらは「今まで賞なんか受けなかったのに、どうして受ける気になったんだ」と友人たちに聞かれ、それに答えるために詠んだものだという。

つる夫人は、白川が表彰されたり賞をもらったりすることをよろこんだ。福井県から表彰されたとき、史さんが入院先に白川の記事の載った新聞をもっていくと、「ほんとにえらいなあ、私のダンナ」としみじみ言ったという。

白川の初期の論文はガリ版刷りで、費用はすべて自分持ちだった。本を出すたびに家族は耐乏生活を強いられたが、夫人は一度も愚痴を言ったことがなかった。勤めていた大学を退官してからの白川は、妻の長年の苦労に報いたいと思っていたようで、旅行をすすめ、〈五十年を君は旅することもなし　われ留守居せん　遊べ遊べ遊べ〉という歌を作っている。

平成十六年四月、夫人は九十一歳で死去した。妻の死に際し、白川は七十首の歌を詠んでいる。「臨終のときに傍にいて、思わず口ずさむように出た数首につづけて、しばらく歌日記のようなつもりで記しておいたもの」だという。そのうちのいくつかを引く。

我が眼守《まも》る計器の針の揺れ乱れやがてま白き画面となりぬ
立ち去らば千代に別るる心地してこの室中《へやぬち》を出でがてにすも

四年余の入院生活をへて、家族の見守る中、夫人は静かに息をひきとった。その臨終の瞬間、そして遺体を残して病室を立ち去りかねる心情をうたったものである。

焼きあげし屍《かばね》かこれが白雪の散りまがふがに色冴えてあり

焼かれたばかりの妻の亡骸、その骨の白さを、散りみだれた白雪にたとえている。

我は袴君は帯高く結《ゆ》ひ上げて大和路の春を歩みいたりけり

夫人の死は春四月、桜のころだった。若い日のふたりを回想する歌である。七十首のうち、最後の一首を。

意識絶えて今はの言《こと》は聞かざりしまた逢はむ日に懇《ねんご》ろに言へ

長い年月を連れ添った妻への、切実で美しい挽歌である。

「死後愛妻家」と呼ばれた経団連会長

もうひとり、亡き妻へ捧げる歌を数多く残した夫がいる。第一生命、東芝の社長を歴任し、高度成長期に長年、経団連会長をつとめた石坂泰三。城山三郎が『もう、きみには頼まない』でその気骨の生涯を描いた、明治生まれの財界人である。

四男の泰彦氏は「子供たちは父のことを〝死後愛妻家〟と呼んでいたんですよ」と笑う。明治の人間らしく家では厳しい父親で、夫婦仲もごく普通に見えた。しかし、雪子夫人が病に倒れ、六十二歳で亡くなってからは、ひたすらな妻恋いの思いを隠そうともせず、夫人を偲ぶ歌を詠み続けた。

別荘の簞笥の底に妻の着し浴衣のありてしづかに見つむ

亡き妻が用ひし印を前にして人の世のわざの味けなさを思ふ

妻の死から二か月たった昭和三十一年二月、石坂は経団連会長を引き受ける。就任挨拶と講演のため出かけた関西から特急つばめで帰京の折、大阪は快晴であったのに、米原あたりから雪が降り始めた。妻の名は雪子である。彼女が近くに来ているような気がして、石坂は詠む。

雪ふればなほ偲ばるゝ亡き妻のをちかへるかと名をよびてみつ

三月、同じ目的で九州へ。不思議なことに福岡もまた、季節はずれの雪であった。

雪降れば雪子とぞ思ふ走りいでゝ心ゆく迄掌《て》に取らま欲し

帰京して伊豆古奈へ静養に行くと、四月一日というのに、そこも春の大雪である。

卯月には珍らしき雪降りしきぬわれらをまもる愛のしるしか

挽歌というより現在進行形の恋歌のようなこうした歌を、石坂は生涯作り続けた。まさに天国へのラブレターである。

石坂がこの世を去ったのは昭和五十年。この年の二月二十一日、東京に雪が降った。その日、石坂は日記に「雪十五センチ位積もる」と記した。それが人生最後の日記となる。三日後に入院し、三月六日、八十八歳で死去。妻の死から二十年が経っていた。

劇作家の「ママ恋し帖」

妻に先立たれた悲しみを、一切言葉を飾ることなく直截に綴って涙を誘う文章がある。『愛染かつら』などで知られる小説家で劇作家の川口松太郎。その死後に小さな手帖が見つかった。表紙には川口の字で「ママ恋し帖」とあった。

昭和五十七年、川口は妻・三益愛子を膵臓がんで喪っている。このとき川口八十二歳、愛子七十一歳。手帖は、かつて愛子から贈られたもので、死別してなおあふれ来る妻恋いの思いが綴られていた。その中身の一部を。

冒頭の数字は日付で、昭和六十年一月十八日という意味。妻・愛子の命日に書かれている。

60　1、18　ママ去ってちょうど三年目、年と共に思慕が深くなって行く、生活のはしばしにママのいない悲しさがにじみ出る、仕事につかれても　筋につまっても　相談相手はいない　夜寝る時、一人でズボンがぬげなくなった、これからだん〳〵駄目になるのに、どうすればよいのか、あまりにもむざんな孤独だ

伴侶なき余生のむなしさは、老いの深まりとともに身にこたえてくる。こんなはずではなかったと、ひとり老いに向き合う戸惑い。残された夫の呆然たる思いが伝わってくる。特に、一人でズボンが脱げなくなり〈これからだん〳〵駄目になるのに、どうすればよいのか〉というくだりは哀切だ。

これを書いた年の六月、八十五歳で川口は亡くなった。

看取られるはずを看取って

天国へのラブレターを毎日書き、ポストに投函している人がいる。六年前、胃がんで昌子夫人を亡くした永六輔氏だ。

一年の多くを旅に過ごす永氏は、夫人の生前、旅先から毎日、葉書を書き送っていた。夫人の死後も、同じようにそれを続けているという。自宅に郵送されるから、受け取るのは自分自身。亡くなった日も、その翌日も書いたという。

それらの葉書は公開されていないが、「あの世の妻へのラブレター」と題した手紙を、夫人の死から三年目に発表している。

　僕がうっかりして貴女が一緒だと思ってしまう失敗は沢山ありました。劇場で僕が眠ってしまうと、貴女はいつでも起してくれました。最近は、つまらない芝居を見た時の対応に困っています。
　世間の方がうっかりしている例でいうと、僕の絵葉書以外に、貴女宛の郵便物がよく届きます。
　処分出来ないまま悩みます。
　貴女が開封しそうな気がするからです。

玄関には貴女の靴が揃えてあります。

洗面所も、貴女が使っていたまま。

鏡台も、そのまま、何もかもそのまま。

「片づけた方がいいと思う」という忠告は山のようにいただいたのですが、そのまま。

世界中に同じことをしている残された家族は沢山いると思います。


「私が起さなくなるんだから、劇場やホールで寝ないでね」

亡くなる前、妻の昌子さんはそう言っていた。夫妻はよく劇場に通った。客席で寝てしまう永さんを起こすのは昌子さんの役目だった。いびきをかかずに寝ている時は、そのまま寝かせておき、帰り道で内容を説明してくれたという。

この章で紹介したどの夫も、妻に最期を看取ってもらうつもりでいたのではないか。それが、一人残されてしまった理不尽と悲哀。

「看取られるはずを看取って寒椿」。永六輔氏の句である。


「パンツ一枚で」「部分」

先に逝った伴侶を思い続けるのは男性だけではない。
連れ合いが死ぬと、男は病気になり女は元気になる、などというが、亡き夫をずっと恋い続けた女性がいる。〝自分の感受性くらい／自分で守れ／ばかものよ〟とうたった詩「自分の感受性くらい」で知られる詩人、茨木のり子である。
夫の三浦安信が亡くなったのは昭和五十年。それから三十一年間、茨木は最愛の夫の思い出とともに生きた。

（パンツ一枚で）

パンツ一枚で
うろうろしたって
品のあるひとはいるもので
暮しを共にした果てに
相棒にそう思わせるのは
至難のわざでありましょうに

らくらくとあなたはそれをやってのけた
肩ひじ張らず　ごく自然に

ふさわしい者でありたいと
おもいつづけてきましたが
追いつけぬままに逝かれてしまって
たったひとつの慰めは
あなたの生きて在る時に
その値打ちを私がすでに知っていたということです

茨木の死後に出版された詩集『歳月』の中の詩である。

自分の死後、できればこんなふうに女房に思ってほしいと、世の亭主たちは願っているのではないか。それがかなえられる人は、残念ながらそれほど多くはないだろうけれども。茨木は亡夫について「上等の男性でした」と語っている。

この詩集には、夫の死後に書かれた、夫を思う詩が三十九編収められている。甥に当たる宮崎治氏の解説文によれば、茨木の生前、これらの詩をなぜ発表しないのかと問うと、一種のラブレターのようなものなので、ちょっと照れくさいと答えたという。詩の原稿はきちんと清書され、愛用の無印良品のクラフトボックスにおさめられていた。箱には小さく「Y」とだけ書かれていたという。夫のイニシャルである。

茨木は十九歳で敗戦を迎え、二十三歳のときに結婚。夫に先立たれたのは四十八歳のときだった。

もう一編、『歳月』の中から引く。夫とむつみあって暮してきた妻ならではの挽歌である。

部分

日に日を重ねてゆけば
薄れてゆくのではないかしら
それを恐れた
あなたのからだの記憶

好きだった頸すじの匂い
やわらかだった髪の毛
皮脂なめらかな頬
水泳で鍛えた厚い胸廓
兀字型のおへそ
ひんぴんとこぶらがえりを起したふくらはぎ
爪のびれば肉に喰いこむ癖あった足の親指
ああ　それから
もっともっとひそやかな細部
どうしたことでしょう
それら日に夜に新たに
いつでも取りだせるほど鮮やかに
形を成してくる
あなたの部分

最後のラブレター「別れの言葉」

最後にとりあげるのは、女優の沢村貞子に宛てて、夫である大橋恭彦が書いたもの。映画評論家でジャーナリストの大橋は、五十年間連れ添った沢村を残し、平成六年、八十四歳で亡くなった。

わたしに、こんな楽しい老後があるとは思っていなかった。あなたにめぐり遭えたということ、そして二人で寄り添って生きてきたこと、いろいろな苦労があったけれど、わたしは幸せだった。あなたも幸せだった、とおもう。この先、どんなにいたわり合って生きても十年がせいぜいだとおもう。「どちらが先になるかはわからないけれど、先立った者が待っていて、来世も一緒に暮らしましょ、来世もこうしておしゃべりをして、おいしいものを食べて、楽しく暮らしましょ」（中略）

正直いって、ある晩なんのきっかけもなく、「来世も一緒に暮らしましょうよ、ね」と話しかけられて私は絶句してしまった。そして年甲斐もなく泣き出しそうになるのを、じっとこらえた。

今日のこのおだやかなひととき、ひとときの延長線は、彼女の言うように、間もなく断ち切られてしまう。どちらが先に、この住みなれた坂上にある古ぼけたこの住居から、すぐ近くに煙突の見える火葬場へ一人だけで送り出されるのか、なんの予測も立たない。しかし、二人のうちの一人が、生きる張り合いを失い、泣きながら「永い間、お世話になりました。ありがとう。さようなら」を言わなければならない。その日は二人がどうもがいても、叫んでも避けられはしない。

そして、その葬送の日のたった一つの心の寄りどころは（来世）という想像もつかない虚空の一点で、今日と同じ笑顔で、今日と同じやさしい眼で、今日と同じ見なれた着物を着て待っていてくれる人がいることを、信じるほかはないのだ。

二つ並んでいるベッドに、三十何年、きまって眠っていた人がいなくなってしまう。手洗いに立ったのなら、すぐ戻ってまた同じ右下の姿勢で眠りつづけるだろうが、寝乱れて少しシワになった敷布に残っている体温も次第に冷えてしまうだろう。

それが人のいのちのはかなさだとは知っていても、一介の俗物でしかない私に死別の悲しみは耐えられそうもない。

大橋の死後に見つかった「別れの言葉」と題された文章からの抜粋である。ともに老い、死別を覚悟する頃になって、あらためてこみ上げてくる相手への思い。あるかどうかわからない来世を誓い合うことでしか、やがて来る別離の予感に耐えることができない——そんな深い愛情に自分もたどりつけたらと、この手紙を読む誰もが思うのではないだろうか。

大橋と沢村の出会いは、終戦間もないころの京都。兄の沢村国太郎、弟の加東大介らの一座に加わって京都座での芝居に出ていた沢村を、都新聞の記者だった大橋がインタビューしたのだった。

沢村貞子は、狂言作者・竹芝伝蔵を父に浅草で生まれた。日本女子大学を卒業する間際、新劇運動に飛び込み、治安維持法違反で検挙された。一年八か月を未決監で暮らし、釈放されたときは二十五歳。当時すでに映画スターだった兄・沢村国太郎の口利きで芸能界入りする。

大橋と出会ったときは三十七歳で、別居中の夫がいた。ふたつ年下の大橋も既婚者で、中学生の娘があった。沢村はまもなく離婚が成立したが、大橋は正式に離婚できないまま、駆け落ちのようにしてふたりで東京で暮らすようになる。

新聞社を辞めた大橋との生活は、沢村が支えた。資金難でゆきづまっていた雑誌『映画芸術』を大橋が買い取り、発行人となったときも、資金の面倒を見たのは沢村である。沢村は、生涯百本を超える映画に出演している。大橋に好きな仕事をさせたい一心で、疲れからぎっくり腰になっても休まず働いた。一時期は七本もの作品を掛け持ちしたが、地方ロケのある仕事は名匠の作品でも断った。家を空けることを大橋が嫌ったからである。

学歴コンプレックスもあり、気むずかしい夫だった大橋に沢村は献身的に仕え、どんなに忙しくとも食事を作った。夫に尽し、夫を立てるのが当たり前と考える、下町っ子の明治女だった。

大橋の離婚が成立し、ふたりが正式に結婚できたのは、駆け落ちから実に二十二年の後である。沢村は六十歳になっていた。

沢村を泣かせた大橋の最後のラブレターは、次のようにむすばれている。

おぼろげな記憶の糸をたぐりたぐり、私たち二人が、この永い月日を、どのようにいたわり、励まし合い、肉親をはじめ多くの人たちに迷惑をかけないように心がけ、精いっぱい生きてきたか、せめてそのことを書きとめておきたい。そう思った。

誰に読んでもらおうという気はない。自分だけが、いい子であろうという気も、もちろんない。生来、愚鈍な上に学もない、貧しくて小心な落ちこぼれ人間でしかなかった私が、戦後、無一文のどん底から、なんとか生きのびてこられたのは、唯ひとり、貞子という心やさしく、聡明な女性にめぐり遭えたからである。

その意味で、これは、一人のハンパ人間が、思いもかけぬ幸運に恵まれた（ある果報者の軌跡）といえるかも知れない。……ありがとう。

沢村は、日本エッセイスト・クラブ賞を受けた『私の浅草』などで知られる随筆家でもある。大橋の死の翌年、沢村は最後の著書として、夫との思い出をつづった『老いの道づれ』を上梓し、その翌年に亡くなった。遺骨は遺言どおり、大橋の遺骨とともに、相模灘に流された。

あとがき

シベリアに抑留されていた日本人が、故国へ宛てた手紙をこよりにして、越冬のため南へ向かう鶴の脚に結びつけた。そんな話を、辺見じゅん氏の『ダモイ遥かに』（メディアパル刊）で読んだ。シベリアで子育てをした鶴たちは、朝鮮半島やインド北方、そして日本で冬を過ごす。監視兵の目をぬすんで、多くの手紙が鶴に託された。電報のような、ごく短い手紙である。

抑留者たちは当初、日本への通信がゆるされず、家族に安否を知らせる方法はなかった。届く可能性はごくわずかと知りつつ、国境のない空を飛ぶ鳥に一縷の望みをかけた男たち――。

辺見氏は取材の中で、九州の海岸に飛来した鶴の脚に短いカタカナのメモが巻きつけられていた話を聞き、心がふるえたという。ほんとうに日本まで手紙を運んだ鶴がいたのである。

南の島で捕虜となった元日本兵から、こんな話を聞いたこともある。復員してくるとき、亡くなった戦友が残したメモを、石けんの中に隠して持ち帰った。捕虜生活中に米軍から支給された石けんに穴を開け、細く巻いた紙片を差し込んだという。帰国の際、手紙もノートも米軍にすべて没収されてしまうため、そうした方法をとったのだ。

戦友のメモは、妻に宛てた遺書だった。なんとしても持ち帰って夫人に渡さなくてはと彼は思った。妻子を尋ね当て、紙片を渡すことができたのは、終戦から三年後のことだった。

メモの内容を覚えているかと訊くと「確か、身体を大事にしろとか、そんな普通のことでした」という。その普通の言葉を、必死に知恵を絞って日本まで運んだのだ。「だって形見ですから」――当たり前のことのように彼は言った。

どうしても伝えたい思いがあり、伝えたい相手がいるとき、人はこんなにも懸命になる。鶴に託された手紙も、石けんに隠して運ばれた手紙も、短い文言の中に、書いた人の人生そのものが凝縮されていたことだろう。

他人にとってはなんでもない言葉のつらなりが、形見となり、生きるよすがとなることがある。それが手紙というものの力なのだ。

＊

本書は、雑誌『文藝春秋』平成二十年一月号に掲載した「世紀のラブレター50通」に加筆してまとめたものである。『文藝春秋』誌の担当者、井崎彩さんには、文献探しや取材などで大変お世話になった。同誌デスクの前島篤志さん、編集長の飯窪成幸さんからは貴重な助言をいただいた。この場を借りてお礼を申し上げたい。本書の編集の労をとってくれたのは、新潮新書の阿部正孝さんである。行き届いた配慮と励ましを、心からありがたく思っている。

二〇〇八年五月　　梯　久美子

写真提供及び出典一覧（目次・各章扉参照）

目次　「モチロン　アイシテル」の筆跡は橋本龍太郎元総理、病床で久美子夫人へ記した言葉。達筆の便箋は、歌人・柳原白蓮が宮崎龍介に宛てた手紙の一部。「こんな怖ろしい女、もういや、いやですか」とある。橋本家、宮崎家提供。

第一章　石原裕次郎とまき子夫人。ナポリで。一九六四年。石原プロモーション提供。

第二章　山本五十六聯合艦隊司令長官。撮影年不詳。©毎日新聞社

第三章　斎藤茂吉と永井ふさ子。一九三四年頃、秩父吟行会にて。永井ふさ子『斎藤茂吉・愛の手紙によせて』（求龍堂、一九八一年）より

第四章　リヨン・サミット（先進国首脳会議）へ向かう橋本首相と久美子夫人。一九九六年。©毎日新聞社

第五章　御成婚後、北海道羅臼岳に登る皇太子と雅子妃。一九九四年。©日本雑誌協会

第六章　在りし日の柳原白蓮。大正三美人の一人と称された。撮影年不詳。宮崎家提供。

第七章　生前の沢村貞子・大橋恭彦夫妻。一九九二年。©篠山紀信

主要参考文献及び出典一覧

【第一章】

小林旭／美空ひばり　一六頁／『完本　美空ひばり』竹中労、筑摩書房、二〇〇五
石原裕次郎／北原三枝　一八頁／『裕さん、抱きしめたい』石原まき子、主婦と生活社、一九八八
鳩山一郎／寺田薫　二二頁／『若き血の清く燃えて』鳩山一郎、川手正一郎編、講談社、一九九六
白洲次郎／樺山正子　二九頁／『白洲次郎』白洲正子他、平凡社、一九九九
芦田均／長谷寿美　三〇頁／『最後のリベラリスト・芦田均』宮野澄、文藝春秋、一九八七
芥川龍之介／塚本文　三二頁／『芥川龍之介全集』第十八巻、岩波書店、一九九七
植村直己／野崎公子　三六頁／『植村直己　妻への手紙』、文藝春秋、二〇〇二
内田百閒／堀野清子　三九頁／『戀文・戀日記』内田百閒、福武書店、一九八九
山口瞳／古谷治子　四二頁／「山口瞳のラブレター」山口治子、『中央公論』一九九六年八月号
島尾敏雄／大平ミホ　四五頁／『幼年記』島尾敏雄、弓立社、一九七三

【第二章】

木村功／邦枝梢　五〇頁／『功、手紙ありがとう』木村梢編著、三笠書房、一九八五
上原良司／石川冶子　五四頁／『新版きけわだつみのこえ』岩波書店、一九九五

栗原安秀／齋藤史
伊藤整一／伊藤ちとせ
栗林忠道／栗林義井
山本五十六／河合千代子
本間雅晴／本間富士子

【第三章】

島崎藤村／加藤静子
斎藤茂吉／永井ふさ子
金子光晴／大川内令子
森鷗外／森しげ子
夏目漱石／夏目鏡子
夏目鏡子／夏目漱石

五五頁／『新版あゝ祖国よ恋人よ』上原良司、中島博昭編、信濃毎日新聞社、二〇〇五
五八頁／『遠景近景』齋藤史、大和書房、一九八〇
六四頁／『提督伊藤整一の生涯』吉田満、文藝春秋、一九七七
六七頁／『散るぞ悲しき』梯久美子、新潮社、二〇〇五
七〇頁／『山本五十六』阿川弘之、新潮社、一九六五
七五頁／『世紀の遺書』巣鴨遺書編纂会、講談社、一九八四
七八頁／『藤村　妻への手紙――静子よりの手紙を添えて』島崎静子編、岩波書店、一九六八
八三頁／『斎藤茂吉全集』第三十六巻、岩波書店、一九七六
『斎藤茂吉・愛の手紙によせて』永井ふさ子、求龍堂、一九八一
八九頁／「金子光晴のラブレター」江森陽弘、『週刊朝日』一九七五年九～十月
九五頁／『鷗外全集』第三十六巻、岩波書店、一九七五
一〇〇頁／『漱石全集』第十四巻、岩波書店、一九六六
一〇二頁／「一九〇一年春、異国の夫へ」中島国彦、『図書』一九八七年四月

号

川端康成／川端秀子　一〇五頁／『川端康成全集』補巻二、新潮社、一九八四

谷崎潤一郎／渡辺千萬子　一〇八頁／『谷崎潤一郎＝渡辺千萬子往復書簡』中央公論新社、二〇〇一

【第四章】

石原莞爾／石原銻　一一五頁／『石原莞爾選集1、2』玉井禮一郎編、たまいらぼ、一九八五

原敬／原貞子　一一九頁／『原敬研究資料37』原敬記念館、二〇〇四

宮本百合子／宮本顕治　一二六頁／『十二年の手紙』（書簡集）、青木書店、一九七四

滝沢文子／滝沢修　一三一頁／『日本人の手紙』第六巻、リブリオ出版、二〇〇四

橋本龍太郎／橋本久美子　一三四頁／橋本家提供

鈴木康彦／鈴木幸子　一三七頁／鈴木家提供

田原節子／田原総一朗　一三九頁／田原家提供

【第五章】

昭和天皇／香淳皇后　一四四頁／『おほうなばら：昭和天皇御製集』、読売新聞社、一九九〇
『昭和天皇の和歌』田所泉、創樹社、一九九七

香淳皇后／昭和天皇　一四五頁／『あけぼの集　普及版：天皇皇后両陛下御集』、読売新聞社、一九九
七四

大正天皇／貞明皇后　一四七頁／『おほみやびうた：大正天皇御集』、邑心文庫、二〇〇二
貞明皇后／大正天皇　一四八頁／『貞明皇后御歌謹解』、佐々木信綱、第二書房、一九五一
明治天皇／昭憲皇太后　一四九頁／『類纂新輯明治天皇御集』、明治神宮、一九九〇
昭憲皇太后／明治天皇　一四九頁／『昭憲皇太后宮の御坤徳』、渡邊幾治郎、東洋書館、一九四二
美智子皇后／今上天皇　一五一頁／『瀬音：皇后陛下御歌集』、大東出版社、一九九七

【第六章】
向田邦子／N氏　一五七頁／『向田邦子の恋文』向田和子、新潮社、二〇〇二
須賀敦子／G・リッカ　一六三頁／『須賀敦子全集』第八巻、河出書房新社、二〇〇〇
柳原白蓮／宮崎龍介　一六五頁／『白蓮れんれん』林真理子、中央公論社、一九九四
愛新覚羅慧生／大久保武道　一七〇頁／『われ御身を愛す　遺簡集』鏡浦書房、一九六一

【第七章】
白川静／白川つる　一八〇頁／「父・白川静96歳　最期の日々」津崎史、『文藝春秋』二〇〇七年四月号、『桂東雑記Ⅲ』白川静、平凡社、二〇〇五
石坂泰三／石坂雪子　一八三頁／『志乃婦草』私家版
川口松太郎／三益愛子　一八六頁／『愛の手紙』日本近代文学館編、青土社、二〇〇二
永六輔／永昌子　一八七頁／『あの世の妻へのラブレター』永六輔、中央公論新社、二〇〇五

茨木のり子／三浦安信　一八九頁／『歳月』茨木のり子、花神社、二〇〇七
大橋恭彦／沢村貞子　一九三頁／『老いの道づれ』沢村貞子、岩波書店、一九九五

梯久美子　1961（昭和36）年熊本県生まれ。ノンフィクション作家。北海道大学文学部卒。06年に初の単行本『散るぞ悲しき――硫黄島総指揮官・栗林忠道』で大宅壮一ノンフィクション賞を受賞。

Ⓢ新潮新書

272

世紀《せいき》のラブレター

著 者　梯《かけはし》 久《く》美《み》子《こ》

2008年 7 月20日　発行
2017年10月20日　4 刷

発行者　佐　藤　隆　信

発行所　株式会社新潮社

〒162-8711　東京都新宿区矢来町71番地
編集部（03）3266-5430　読者係（03）3266-5111
http://www.shinchosha.co.jp

印刷所　株式会社光邦

製本所　株式会社植木製本所

ISBN978-4-10-610272-1　C0295